崇律

中國社會風俗史

從節期到婚姻

揭曉古人生活的
習慣和樣貌

秦永洲 著

元旦穿新衣、月老牽姻緣、新婚鬧洞房

一本書了解傳統文化！

牛郎織女一開始並沒有愛情糾葛？
他們兩個是到南北朝才正式結婚的！
「執子之手，與子偕老」原本是戰場上生死互助的約定，
最後卻被當作傳統婚姻終身依附的觀念來使用！

- - - - - - - - - - - - - - - - - -

本書透過對中國節日和婚姻風俗的豐富資料，
深入了解這些習俗背後所包涵的社會與文化動力，
提供一種思考和理解中國傳統與現代變遷的互動框架！

目錄

目錄

前言

社會風俗是歷代相沿積久、約定俗成的風尚、禮節、習慣的總和，也是人們在衣食住行、婚喪生老、歲時節慶、生產活動、儒學思想、文化娛樂等方面廣泛的行為規範。它是一個國家、民族、地區的物質生活、科學文化、價值觀念、文化心理等社會物質文明和精神文明在日常生活中的反映。

一

關於風俗，中國古代有「風」、「風俗」、「民風」、「習俗」、「謠俗」等說法。西漢毛亨《詩·周南·關雎詁訓傳》講道：

風之始也，所以風天下而正夫婦也。故用之鄉人焉，用之邦國焉。風，風也，教也；風以動之，教以化之。詩者，志之所之也，在心為志，發言為詩。情動於中，而形於言。言之不足，故嗟嘆之，嗟嘆之不足，故永（詠）歌之，永歌之不足，不知手之舞之，足之蹈之也。情發於聲，聲成文謂之音。治世之音安以樂，其政和；亂世之音怨以怒，其政乖；亡國之音哀以思，其民困。故正得失，動天地，感鬼神，莫近於詩。先王以是經夫婦，成孝敬，厚人倫，美教化，移風

俗。故詩有六義焉。一曰風，二曰賦，三曰比，四曰興，五曰雅，六曰頌。上以風化下，下以風刺上。主文而譎諫，言之者無罪，聞之者足以戒，故曰風。

所謂的「風」，是氏族民主社會上下溝通的語言，也是遠古民眾品評政治、臧否人物、參政議政的管道。「上以風化下」，即「風教」、「風化」；「下以風刺上」，即「風謠」、「風諫」、「風刺」。「風」反映了在氏族民主制時代上下間的互動，即「風以動之，教以化之」。「風」所採用的形式就是詩、言、嗟嘆、詠歌、舞蹈、音等。《詩經》中的風、雅、頌也都是風。

由此我們可以理解「風」與詩、歌、謠，以及音樂、舞蹈的關係。

《尚書·舜典》稱：「詩言志，歌詠言。」詩和歌，就是要把自己的意志、言論表達出來。上述「在心為志，發言為詩」、「永（詠）歌」即是此意。

《詩·魏風·園有桃》云：「我歌且謠。」東漢鄭玄箋曰：「曲和樂曰歌，徒歌曰謠。」

歌是一種有宮商曲調，配以鐘石管絃伴奏的詩，或者是沒有伴奏，但有曲調的清唱。古代「民歌之曰」之類的歌，在一般場合下都沒有管絃伴奏，即使在祭祀、鄉飲等隆重場

合下，高層統治者的歌有時也不用管絃。漢高祖入宗廟，「獨上歌，不以管絃亂人聲，欲在位者遍聞之，猶古〈清廟〉之歌也」[001]。漢高祖的歌和祭祀周文王的〈清廟〉之歌沒有管絃，但都稱作歌。齊莊公到崔杼家與棠姜偷情，「枹楹而歌」[002]；楚狂接輿歌而過孔子曰：「鳳兮，鳳兮！何德之衰，往者不可諫，來者猶可追。」[003] 齊國孟嘗君的食客馮驩彈劍歌曰：「長鋏歸來乎！」[004] 顯然都沒有伴奏。

《左傳·僖公五年》載：「童謠云：『丙之晨，龍尾伏辰。』」孔穎達疏曰：「徒歌謂之謠，言無樂而空歌，其聲逍遙然也。」謠是沒有宮商曲調，但有節奏的順口溜。

從上述「永歌之不足，不知手之舞之，足之蹈之也」來看，手的動作稱作「舞」，腳的動作稱作「蹈」，都是用來幫助表達語言的，也是「風」的組成部分。

風又可稱作「音」，上述「聲成文謂之音」、「治世之音」、「亂世之音」、「亡國之音」即是。音與樂相連即為「音樂」，都是遠古時代用來聽政議政的。《淮南子·氾論訓》載：「禹之時，以五音聽治。懸鐘、鼓、磬、鐸，置鞀，以待四方之士。為號曰：教寡人以道者，擊鼓；諭寡人以義

[001] 《漢書·禮樂志》，北京：中華書局，1962 年版。
[002] 〈左傳·襄公二十五年〉，載《十三經註疏》，北京：中華書局，1980 年版。
[003] 〈論語·微子〉，載《諸子整合》，上海：上海書店，1986 年影印版。
[004] 《戰國策·齊策四》，上海：上海古籍出版社，1985 年版。

者，擊鐘；告寡人以事者，振鐸；語寡人以憂者，擊磬；
有獄訟者，搖鞀。」這裡的「五音」，可以是宮、商、角、
徵、羽，也可以是鐘、鼓、磬、鐸、鞀等奏出的音樂，它們
都是「風」的組成部分。《國語·周語上》載：「天子聽政，
使公卿至於列士獻詩，瞽獻曲，史獻書，師箴，瞍賦，矇
誦，百工諫，庶人傳語。」詩、曲、書、箴、賦、誦、諫、
語等，也都是「風」。

由此我們可以理解孔子講的「移風易俗，莫善於樂」[005]
的道理所在了。《呂氏春秋·仲夏記·適音》講道：「凡音
樂通乎政，而移風平俗者也。俗定而音樂化之矣。故有道之
世，觀其音而知其俗矣。」《史記·樂書》載：「博採風俗，
協比音律。」這些都表明：音樂是「風」的表現形式。

自封建文化專制形成後，統治者把這些詩、賦、歌、謠
稱作「詩妖」，再也登不得朝堂，只能在民間流傳了。《漢
書·五行志中之上》載：「君炕陽而暴虐，臣畏刑而柑（鉗）
口，則怨謗之氣發於歌謠，故有詩妖。」《韓詩外傳》卷三第
九章載：「無使百姓歌吟誹謗，則風不作。」後來史書中的
「時人為之語曰」、「謠曰」、「時人號曰」等，也都是「風」。

俗，指長期形成的禮節、習慣。《說文八上·人部》稱：
「俗，習也。」《禮記·曲禮上》載：「入竟（境）而問禁，

---

[005]　〈孝經·廣要道〉，載《十三經註疏》，北京：中華書局，1980 年版。

入國而問俗，入門而問諱。」據唐朝賈公彥之疏，「禁」指諸侯國中政教所忌；「俗」，謂常所行也，即習以為常的行為；「諱」，主人的祖先、國君的名諱。三者都是日常生活中的習慣、禁令、忌諱。用通俗的話說，就是該說、該做的，以及不該說、不該做的。

嚴格講，風俗和民俗的含義並不完全一致。民俗的說法缺了「風」這一塊內容。現代民俗學作為學科性用語，是北京大學 1922 年創辦《歌謠》週刊時，在發刊詞中根據英語「Folklore」確立的，這個「民俗」雖在中國古代已廣為人知，但作為一個外來語，應該也涵蓋了風和俗兩種含義。

在實際運用中，「風」和「俗」往往混同為一個概念了。《漢書·王吉傳》講：「百里不同風，千里不同俗，戶異政，人殊服。」《漢書·五行志下之上》載：「夫天子省風以作樂」，東漢應劭注：「『風』，土地風俗也。」這裡的「風」和「俗」，指的都是風俗。

《漢書·地理志》載：「凡民函五常之性，而其剛柔緩急，音聲不同，系水土之風氣，故謂之風；好惡取捨，動靜亡常，隨君上之情慾，故謂之俗。」班固認為，自然條件不同而形成的風俗叫做風；社會條件不同而形成的風俗叫做俗。從表面看，班固的解釋與毛亨的解釋不一致，其實他是為了說明「百里不同風，千里不同俗」的道理。而且，他講

的是風俗的形成，而不是風俗的含義。

在現代民俗學中，習慣用「民俗」，一般都界定為：民俗是存在於民眾中，為民眾所創造、傳承的社會文化傳統。從這個意義上講，民俗即民間風俗。

其實，上與下、民眾和官員、民間和官方的界限很難說清。漢武帝將細君嫁烏孫昆莫老王為右夫人。昆莫老為傳位，要把細君嫁給其孫岑陬，公主上書言狀。漢武帝回信說：「從其國俗，欲與烏孫共滅胡。」[006] 漢武帝實行和親政策，昆莫老王為傳位而嫁細君，都是政府行為，但又要遵從當地民間的風俗。另外，許多風俗現象都是朝廷、政府倡導，經反覆傳襲而形成的。現在清明節、端午節、中秋節放假，既是國家的休假制度，又融入社會風俗之中。是否可以這樣說：風俗不僅流行於民間，也流行於官方，即上述「用之鄉人焉，用之邦國焉」。而且，越往遠古，「用之邦國」的越多。我覺得還是用一個大概念比較穩妥：「社會風俗」。本書敘述的風俗現象、物象，也不僅僅局限於民間。

由於「風」是民眾品評政治、臧否人物的語言，遠古統治者非常注意聽取這些言論。《淮南子·主術訓》載：「堯置敢諫之鼓，舜立誹謗之木。」《後漢書·楊震傳》叫「諫鼓謗木」。

---

[006] 《資治通鑑·武帝元封六年》，北京：北京古籍出版社，1956 年版。

所謂「誹謗之木」，類似現在的「意見箱」。崔豹《古今注‧問答釋義》載：「程雅問曰：『堯設誹謗之木，何也？』答曰：『今之華表木也。以橫木交柱頭，狀若花也，形似桔槔，大路交衢悉施焉。或謂之表木，以表王者納諫也，亦以表識衢路也』。」

　　北京天安門前有一對漢白玉雕刻的華表，下面是筆直的柱身，雕刻著蟠龍流雲紋飾，柱的上部橫插著一塊雲形長石片，一頭大，一頭小，似柱身直插雲間，仍然保持了「以橫木交柱頭」、「形似桔槔」的基本形制，就是堯舜時代的誹謗之木。它是民主和「王者納諫」的代表。

天安門華表

二

關於社會風俗的特點，許多民俗學專家都做過系統論述，筆者在此掛一漏萬，僅談自己一得之淺見。

（一）社會風俗屬於俗文化。

在 20 世紀的文化研究中，又把文化分為雅文化和俗文化。雅文化是一種自覺的、表現為典籍形態的思想體系，流行於知識層次較高的階層，對社會的影響深刻而狹窄。俗文化以世俗生活為中心，是民眾自發的、無意識的文化心理，對社會的影響膚淺而廣泛。

二者之間，只有形式上的自覺思想體系與民眾直觀體認，典籍形態與世俗傳承的區別，實際上雅中有俗、俗中有雅，由俗到雅，由雅到俗。《論語》、《孟子》中的語錄不僅記載於典籍，也被世俗傳誦。《詩經》原本是當時的民謠俚曲，亦即上述的「風」，後世竟成為儒家的經典。

雅俗文化之間存在一種雙向互動關係，它與各種思想理論體系間互相吸收不同，具有矛盾組合性的種種特徵。

第一，非邏輯性和多元相容性。雅文化中矛盾對立的價值觀念，牴牾相悖的思想命題，可以同時被俗文化選擇和認同。孔子的「食不厭精，膾不厭細」與墨子的「量腹而食，度身而衣」在飲食風俗中並行不悖，而蘊含的基本文化精神卻又是一致的。

第二，雅俗文化互動中的創造性。雅文化的思想內容一旦滲透到民間，經過民眾的直觀體認，往往賦予更深刻的內涵和更準確的掌握。「君子愛財，取之有道」的俗語，比孔子「富與貴是人之所欲也，不以其道得之不處也」的表述，更為簡明而精準。

第三，漸進而穩固的傳承性。文化的真正的存在價值和真實的生命力在於俗文化。在儒學被排斥，墨學中衰的時代，社會風俗仍始終不渝地運載著儒墨思想的基本精神。所謂「禮失求諸野」，即指此。

第四，滲透的廣泛性和承載的無意識性。雅文化中仁、義、禮、智、信的君子品格滲透到社會的各方面，甚至影響到那些殺人越貨的江洋大盜和黑社會集團，形成了「盜亦有道」，講求江湖信義等荒謬而合理的江湖道德品格，而殺人不眨眼的李逵放掉有「孝順之心」的李鬼，還給了他十兩銀子，並沒了解到這是傳承了儒家的孝道。

第五，雅文化對俗文化的控制性。兩千年來，作為正統統治思想的儒學始終控制著社會風俗的發展方向。孔子的「移風易俗」為歷代統治者奉行不悖，「子曰」成為判定一切是非的標準。

（二）社會風俗是一種普遍的道德維存力量。

除行政、法律手段外，道德維存力量主要有四個：第

一,追求個體品格完善的道德自律;第二,社會輿論監督力量的他律;第三,朝廷、政府表彰、旌揚等道德回報機制的激勵;第四,互利、互惠的道德等價交換。這四種維存力量都屬於社會風俗的範疇。

儒家思想很早就提出了仁、義、禮、智、信、忠、孝、節、廉、溫、良、儉、讓、恭、寬、敏、惠等倫理道德素養。社會風俗不斷承接著儒家雅文化層次規範化的引導,將其落實到世俗社會。僅以飲食為例,講座次、舉案齊眉是禮;食君祿、報王恩是忠;吃飯穿衣敬父母是孝;宣傳孔融讓梨是悌;講滴水之恩,當湧泉相報,一飯千金是信義;志士不飲盜泉之水,廉者不食嗟來之食,不為五斗米折腰是廉節。歲月的推移又不斷增加著風俗的約束力和權威性,使它成為一種強固的社會輿論監督力量,一方面激勵著人們加強個體品格的自律,抑制著社會公德的淪喪;另一方面,一些陳規陋俗也摧殘著人們的心靈,束縛著人們的正當行為。

所以中國傳統道德的真正存在價值在於社會風俗之中,在俗文化層次無不流動著雅文化的基本精神。

(三)越往遠古,社會風俗就越是國家政治的組成部分。

最早出現的媒人是國家法定的官員,《周禮》中的「媒氏」,齊國的「掌媒」,都是官媒。齊國的掌媒負責「合獨」,是齊國的「九惠之教」之一。設立媒妁是國家推行的

婚姻法，它與安定民生、培養稅源、富國強兵的統治政策連繫在一起，亦即它是一種政府行為。西元前651年齊桓公在葵丘大會諸侯，訂立的盟約竟然有「誅不孝，無易樹子，無以妾為妻」。其中，「誅不孝」、「無以妾為妻」，都屬於社會風俗的內容。

不光是婚姻，其他風俗莫不如此。如歲時節慶，《尚書·舜典》孔穎達疏曰：「節氣晦朔，皆天子頒之。」古代祭祀是政治權力的象徵，「國之大事，在祀與戎」。西周的五禮吉、凶、軍、賓、嘉等，都是國家制定的有關風俗方面的禮制。後來衣食住行、婚喪生老等方面的風俗都是那時奠定的，因此本書把它稱作「禮俗」。

中國古代社會前期的統治者都深知移風易俗、觀覽風俗的重要性，不同程度地保留著遠古氏族民主遺風。

《管子·正世》載：「料事務，察民俗。」

《禮記·王制》載，天子「命太師陳詩，以觀民風」。

《漢書·藝文志》載：「古有采詩之官，王者所以觀風俗，知得失，自考證也。」

（四）遠古的社會風俗，反映了在生產力低下的情況下對大自然奧妙的探索，對自然、神靈的征服、改造和利用，對人類險惡生存環境的抗爭，對遠古人類生活的創造和開拓。

前言

　　《國語·魯語上》記載的柳下惠語，明確說明了遠古祭祀的宗旨：「聖王之制祀也，法施於民則祀之，以死勤事則祀之，以勞定國則祀之，能御大災則祀之，能扞大患則祀之。非是族也，不在祀典。」殖百穀百蔬的柱和棄、平九土的后土、成命百物的黃帝、治水的大禹等，「加之以社稷山川之神，皆有功烈於民也。及前哲令德之人，所以為明質也；及天之三辰（日、月、星），民所以瞻仰也；及地之五行，所以生殖也；及九州名山川澤，所以出財用也。非是不在祀典」。古人還按照這一宗旨，對後來的神靈進行改造：觀音菩薩的楊柳枝、淨水瓶要為農業普降甘霖，佛教的四大天王要職司「風調雨順」，老天爺、玉皇、龍王、雷公、電母、風伯、雨師都要在農業社會掛職。

　　古人憑藉著感性的、質樸的認知來同危害人類的現象抗爭。除夕「逐儺」，是為了驅逐邪鬼。經過一冬的乾燥，春天一打雷，極容易引起火災，便產生了遠古禁火寒食的風俗。春季是瘟疫、流行感冒的易發季節，古人到郊外水上被褉防疫。進入夏季五月，蛇、蠍、蜈蚣、蜂、蝛等五毒蟲和蚊、蠅等都進入旺季，受傷後的傷口也容易發炎。由於它給人們帶來的種種不幸，所以將其視為惡月，於是產生了五月端午的戴五色絲、插艾草、簪石榴花、飲雄黃酒等種種風俗。甚至是孕婦「見兔其子缺唇，見麋其子四目」，以及懷

孕期間的諸多禁忌，也反映了古人對危害人類生育現象的抗爭意識。古代多近親結婚，缺唇、連體、多指等怪胎現象屢屢恐怖著人們，為了改善一切影響胎兒發育的生長環境，才產生出種種附會。而每一種附會都向科學真理的邊緣靠近一步，最後終於探索到怪胎的原因：「男女同姓，其生不蕃（繁）。」

回首先民們的蹣跚足跡，就能領略到社會風俗中蘊含的生生不息的精神和征服自然的頑強信念。風俗的傳承是為了弘揚這一可貴文化精神，為了寄託對幸福吉祥、平安如意的美好生活的嚮往，如果仍然痴迷上述的種種說法，則演變為陋俗，演變為對自然、對宗教神靈的屈服、迷信。

三

風俗絕不僅僅是裸露在社會生活表層的現象，它溝通著歷史與現實、物質與觀念、道德與法律，折射著中華五千年的滄桑變革，至今仍有著不可估量的存在價值。

（一）在中國社會風俗中，層累地堆積著中華民族的高度智慧、高超技藝和高尚品德。

學習中國社會風俗史，能激發我們的民族自尊心和自豪感。

中國人民從3,000年前的商代就養蠶織絲，傳說中從黃帝妃子嫘祖開始。後來又創造了神奇美麗的綺、紈、錦、

緞、綾、羅、紗等精美的品牌。絲綢有柔軟結實、輕薄透明、典雅華貴的優點，直到現在還沒有一種服飾質料能超過它。自絲綢之路開闢後，絲綢成為西方人夢寐以求的珍品。唐道宣撰《廣弘明集》卷三講，漢代「胡人見錦，不信有蟲食樹吐絲而成」。羅馬執政官凱薩穿著絲綢出現在劇院，吸引了所有人的目光。人們所翹首觀望的，不是他本人，而是他穿著的華麗的絲綢衣服。當時，羅馬絲綢的價格達到 12 兩黃金一磅，為進口絲綢導致大量黃金流失，哲學家們把絲綢當成羅馬腐敗的象徵。古人的智慧為世界服飾披上了一層錦繡文采。

1972 年，長沙馬王堆出土了一件西漢時的素紗禪衣，薄如蟬翼，輕若煙霧，身長 1.28 公尺、袖長 1.95 公尺的衣服僅重 49 克。唐中宗女兒安樂公主有一件百鳥毛裙，「正視為一色，旁視為一色，日中為一色，影中為一色，而百鳥之狀皆見」，是現在也沒有的「變色裙」、「變花紋裙」。這些罕見的珍品，足以讓西方的國王、法老和貴婦人瞠目結舌。

（二）利用中國社會風俗史中轉化出的經濟價值觀念、創意能力，提高經濟效益。

從事工商業的生產和銷售，關鍵在於處理好供求關係，尤其是衣食住行方面的商品，除了解各地行情和各種經濟資訊外，更要了解當地的風俗習慣、消費觀念。

中國人很早就發現了工商業經營與社會風俗的關係。《莊子·逍遙遊》載：「宋人資章甫而適之越，越人斷髮紋身，無所用之。」《韓非子·說林上》載：「魯人身善織屨，妻善織縞，而欲徙於越，或謂之曰：『子必窮矣！』魯人曰：『何也？』曰：『屨為履之也，而越人跣行；縞為冠之也，而越人被髮。以子之所長，遊於不用之國，欲使無窮，其可得乎？』」不了解越國斷髮徒跣的風俗習慣，到那裡銷售章甫冠，得滯銷；具有紡織技藝的手工業者到那裡謀生，得窮困潦倒。

供求關係本身就包括文化風俗的因素。各個地區、民族、國家的文化風俗，古代在農工商經營方面累積的經驗、知識，掌握這些文化知識後而轉變出來的經營頭腦、應變能力、創意能力，既是一個工商業者的文化創造，又是必備素養，現在叫無形資產。這些年以來，先後出現了婚姻介紹所、裝修公司、搬家公司、家教公司、家政服務公司、旅遊公司，甚至還有「情感發洩吧」、「失物招領公司」、「代客祭掃」等等。這些行業能否持久、能否興盛姑且不論，但它需要經營者有這樣的頭腦創意出來，更要有敏銳的辨識力來掌握商機。

另外，將古代衣食住行物質風俗中畫素紗禪衣、百鳥毛裙那樣有實用價值的品物有選擇地挖掘出來，不僅能豐富我

們的生活，而且能創造絕高的經濟效益。

（三）社會風俗更能反映中國傳統文化的深刻內涵，透過它來掌握一個民族的文化，來得更加直觀而準確。

透過社會風俗，了解中國人在生活風俗中所表現出來的個性特徵、價值分寸、思維方式、道德標準、審美觀念，明確它在面對現代化社會生活方面的優勢和缺陷，不僅能自覺而有效地移風易俗，還能大大提高我們的道德水準和人文素養。

四

本書立足於 21 世紀的時代發展和學術研究成果，著重對具有普遍性的傳統風俗進行介紹，共分服飾、飲食、居住、行旅、歲時節日、婚姻、生老、喪葬、儒學九章內容。在敘述中，將傳統風俗與現代社會，雅文化與俗文化緊密接軌，對所涉及的風俗現象、物象，由風俗衍生出的典故、成語、諺語，均考述源流嬗變和風俗傳承。對傳統風俗在現代人心理深層和行為習慣中的存在形式，及產生的正反兩方面的影響，均結合中國傳統文化的基本特徵，以透視、品評、辨析等形式，連繫古今，進行深層次的剖析。

由於社會風俗的涵蓋十分廣泛，每一項風俗不僅都有十分豐富的內容和深刻的內涵，而且交錯重疊，難以縷述。限於篇幅，本書採用兩種處理方法：其一，寧肯掛一漏萬，而

不面面俱到。對所涉及的風俗現象、物象，不提則已，提則說深說透；其二，各章節之間互相參照，相同的內容，只在一個章節中敘述。如，清明節掃墓的內容在喪葬風俗的「掃墓和祭祖」中一併敘述；飲食風俗中的節日飲食，分散到春節、元宵節、中秋節等節日中敘述。「儒學風俗」滲透在衣食住行、歲時節慶、婚喪生老等社會生活的各方面，在該章中一概略過。

　　本書嚴格遵守言之有據的撰述原則，每一風俗物象、現象及語言、情節都取材於正史、經書、子書，參考相關的野史、雜著、方志，絕對不敢杜撰，絕對不敢信手拈來一些沒有依據的、稀奇古怪的道聽塗說。本書行文中，在不影響內容表述的情況下，盡量註明材料出處。同一內容的出處，只在第一次出現或者重點敘述之處註明，而不重複標註。

　　但願讀者朋友透過拙作，豐富知識，啟迪思維，更新觀念，接受民族精華的洗禮，衝破世俗偏見的失誤，用風俗史的眼光觀察社會，體會人生，以嶄新的精神風貌面對 21 世紀的現代化社會生活。這是本書的宗旨，也是本人的奢望。

　　在本書編著過程中，參閱了大量海內外學者的論著，除直接引用原文外，恕不一一註明。本人程度有限，不當之處，敬請讀者朋友和方家教正。

節日風俗

　　節日是人們從一年中確立的，值得紀念、慶祝、傳承的日子。它是人類社會發展到一定階段的產物，流淌著的源遠流長的歷史和文化，在人們的社會生活中具有不可或缺的位置和價值。

● 第一節
節日的由來和演變

　　節的本意是竹節，《說文五上・竹部》稱：「節，竹約也。」即把一年像竹節一樣分為各個階段就是節。與農時、天文、曆法密切相連的節日，起源於原始崇拜和迷信禁忌。

　　原始社會，由於生產力低下，人們了解世界，征服自然的能力弱，形成了對天地、日月及各種動植物的圖騰崇拜和各種迷信禁忌。例如，中國人崇拜龍，聞一多先生認為，古代越族祭祀龍圖騰的「龍舟競渡」，就是端午風俗形成的淵源 [007]。另外，商周時代的天子，都有祭祀社稷山川、日月星辰的祀典。《史記・武帝本紀》裴駰集解引應劭語曰：「天子春朝日，秋夕月，拜日東門外。朝日以朝，夕月以夕。」這種對日、月等自然的崇拜，成為後來節日的淵源。

---

[007]　聞一多：〈端午考〉，載《聞一多全集》卷五，武漢：湖北人民出版社，1993 年版。

　　古代人還憑藉著感性的、質樸的生活方式，來認識宇宙萬物和自然現象，它往往和原始巫術摻雜在一起。例如，經過一冬的乾燥，春天一打雷，極容易引起火災，便產生了遠古禁火冷食的禁忌。春秋管仲治理齊國，「修火憲，敬山澤林藪積草」[008]。《周禮·秋官司寇·司烜（ㄒㄩㄢˇ）氏》亦載：「中春，以木鐸修火禁於國中。」這就是寒食節禁火冷食的來源。每年春季，是瘟疫、流行感冒的易發季節，古人就在這時祓禊（ㄈㄨˊㄒㄧˋ）防疫，這便是修禊節的來歷。陰曆五月已進入夏季，蛇、蠍、蜈蚣、蜂、蚊、蠅等毒蟲都進入旺季，受傷後的傷口也容易發炎，由於它給人們帶來的種種不幸，便把它視為惡月。齊國流行「不舉五月子」風俗，這便是五月端午的來源。由於古人對各種天災人禍得不到合理的解釋，在新的一年到來前的臘月，要進行驅逐鬼怪瘟疫的儀式，叫做「驅儺（ㄋㄨㄛˊ）」、「大儺」。這種儀式成為春節除夕的淵源。

　　為節日提供準確時間概念的是天文、曆法。例如春節，首先要確立一年的歲首和正月的朔日。所以，年、月、日、時等歲時，不僅為日常生活計時，也為節日的形成提供了準確的時間。

　　中國的傳統節日，在先秦時期大部分已產生了。可以

---

[008] 〈管子·立政〉，載《諸子整合》，上海：上海書店，1986 年影印版。

說，先秦時期是節日的萌芽時期。漢朝是中國傳統節日風俗的定型時期。除夕、元旦、元宵、上巳、寒食、端午、七夕、重陽等主要節日風俗都產生了。到魏晉南北朝進一步充實、發展、融合。

從兩漢到魏晉南北朝的節日，有以下特點：

第一，儒學的獨尊和神學化，使迷信有了完整體系的理論依據。節日的自然崇拜氛圍淡化，宗教巫術式的禁忌、祓禊、禳除等風俗強化，節日不是佳節良辰，而是籠罩在惡月惡日、邪鬼、瘟疫的恐怖中，折射著遠古人類同險惡生存環境抗爭的蹣跚足跡。

第二，道教的產生，佛教的傳入，衝擊了傳統節日。道教的三元節（正月十五上元節、七月十五中元節、十月十五下元節）[009]，佛教的浴佛節（四月八日）、盂蘭盆會節（七月十五），都滲透到節日風俗中。

第三，對后稷、屈原、介子推、伍子胥等歷史人物的祭奠代替了某些原始崇拜活動，節日出現人文化傾向和紀念性意義。

隨著節日風俗的發展演變，隋唐時期又呈現出了新的特點：

第一，節日從禁忌、祓禊、禳除等神祕、恐怖氣氛中解放出來，轉變為禮儀型、娛樂型的「良辰佳節」。

---

[009]　本章所講的月、日，如無特殊說明，都是農曆。

　　隋唐時期是中國封建社會的鼎盛時期，在鼎盛國力的擁抱中，到處洋溢著一種清新奔放的時代氣息和豪邁昂揚的自信。節日風俗也呈現輕鬆愉快的生活情調。莊嚴神祕的儀式變成了喜聞樂見的娛樂活動，爆竹不再是驅鬼的手段，而是歡快和熱烈的象徵。驅儺變成了街頭演出的小戲。上巳節被襖為遊春踏青所替代，元宵祭神的燈火變成人們觀賞的花燈。有關節日的鬼神也不再猙獰可怕，變得浪漫而富有詩情畫意。凶神惡煞的門神先由鍾馗武舉取代，又轉讓給威武瀟灑的將軍。

　　第二，盪鞦韆、放風箏、蹴（ㄘㄨˋ）鞠、打馬球、拔河、遊獵等大量體育娛樂活動出現在節日中。

　　第三，節日成為統治者奢侈腐化、與民同樂、歌舞昇平的手段。

　　隋煬帝慶祝元宵節，西域諸國酋長畢集洛陽，在端門大演百戲，戲場綿亙八里，歌舞演員達 3 萬人，燈光照耀天地，徹夜不滅，一連折騰了一個月。唐玄宗製作一巨型燈輪，高達 20 丈，懸掛花燈 5 萬盞，猶如霞光萬道的花樹。如果說隋唐本來就是太平盛世，統治者講究排場是歌舞昇平的話，那麼，後來的統治者在內憂外患的情況下，仍秉承這一傳統，則純粹是粉飾太平了。

　　第四，隋唐時期的節日，呈現南北風俗融合的特點。

　　隋唐是對十六國、南北朝以來民族融合的總結和積澱。這種融合、積澱也表現在節日風俗方面。如端午節，并州人民紀念介子推，吳越之地紀念越王勾踐、伍子胥、孝女曹娥，荊楚人民紀念屈原。唐宋時，融會為紀念具有愛國主義精神的屈原了。

　　明清時期的節日，除沿著遊樂型方向發展外，統治者和士大夫階層出現復古風，主要表現為：其一，用漢魏舊俗來追求原來的「年味」。許多人除熱衷於元旦「投刺」，飲椒柏酒、屠蘇酒等外，有的同時掛秦瓊、尉遲敬德及鬱壘、鍾馗的畫像。有的在年畫、春聯盛行的情況下偏要掛桃符，或者是既掛門神，也釘桃符，又貼春聯。其二，講究節日的禮儀性和應酬性，年節互相拜謁，庸俗地應酬，虛偽的人際關係，充斥到節日風俗中。

● 第二節
除夕和元旦

　　元旦在古代稱上日、元日、朔旦、元正、正日、正朝，民間叫做「過年」，辛亥革命後叫春節，是中國傳統節日中最隆重、最受重視的節日。

一、由元旦到春節的流變

　　《詩經·豳風·七月》記載，西周的農夫到年底 10 月和改歲（過年）前，為慶祝豐收和新一年的到來，集合在一起，「朋酒斯饗，曰殺羔羊，躋彼公堂，稱彼兕（ㄙˋ）觥，萬壽無疆！」即備好酒，殺了羊，登上公堂，舉起牛角杯，共祝萬壽無疆。在這首詩裡，已具備了春節的雛形。但它還沒固定在某一天進行，並且是在正月之前，還算不上嚴格意義上的元旦。

元旦的定型，需要一年歲首的定型。夏商周秦，每一次改朝換代，為了表示受命於天，都要「改正朔」。《白虎通‧三正》載：「王者受命必改朔何？明易姓，示不相襲也。明受之於天，不受之於人，所以變易民心，革其耳目，以助化也。故《大傳》日『王者始起，改正朔，易服色，殊徽號，易器械，別易服』也。」正，指歲首正月，是一年的開始；朔，指每月初一，是一月的開始。正朔是一年第一天的開始。

夏朝以建寅之月（夏曆正月），即孟春為歲首正月，以平旦為朔。商代以建醜之月（夏曆十二月），即季冬為歲首正月，以雞鳴為朔。周代以建子之月（夏曆十一月），即仲冬為歲首正月，以夜半為朔。秦朝以建亥之月，即孟冬十月為歲首，就稱十月，不叫正月。

東漢的儒學家們在《白虎通‧三正》中發揮說，周以十一月為正，是天正；商以十二月為正，是地正，夏以十三月（孟春）為正，是人正。這叫做「三正」、「三統」、「三微之月」。這「三正」都可以做歲首正月，與此對應的有夜半、雞鳴、平旦三個時辰可以作朔日的開始。「改正朔」就是重新確立一年的歲首正月和朔日的開始時間。朱熹在《論語集註》中也說：「天開於子，地闢於丑，人生於寅，故斗柄建此三辰之月，皆可以為歲首，而三代迭用之。夏以寅為人正，商以丑為地正，周以子為天正也。」

　　由於從夏朝至漢武帝前，歲首正月不斷地改變，所以作為節日的元旦也始終沒有定型。漢武帝太初元年（西元前104年），正式實施司馬遷、落下閎、鄧平等人改定的《太初曆》，以夏曆正月為歲首。以後，除王莽的新朝和魏明帝一度用殷正，武則天和唐肅宗一度用周正外，歷代曆法雖有變更，基本上都使用夏正，即以孟春之月為歲首。因此，元旦的節日風俗最晚萌芽於西周，定型於漢武帝。

　　辛亥革命後，以元旦為春節，端午為夏節，中秋為秋節，冬至為冬節，把陽曆1月1日稱為新年，而不稱元旦。在中國古代，元旦一直是春節新年的通用名稱。

　　其實，「春節」指的是二十四節氣中的立春、春季、春天，或者是二十四節氣中春天的六個節氣。《後漢書·楊震傳》載：「冬無宿雪，春節未雨。」指的是春季。中國古代陰曆的正月初一，只是元旦，而不是春節。商朝以夏曆十二月為正月，周朝以夏曆十一月為正月，秦朝和西漢初以夏曆十月為歲首，都不是立春之月，當然不能叫春節。

二、除夕

　　除夕是元旦的前夜，本是臘月的節日，應放在「年底」敘述，但民間向來把它與元旦視同一體，除夕已經沉浸在元旦的享受和興奮中。再者，民間「過年」最忙碌、最急切盼

望的是除夕，真正過年了反倒有點失落了。在此，把除夕與元旦連同一體。

（一）逐儺

除夕是元旦前的最後一天，最首要的活動是要把惡鬼驅逐出家門，這就是逐儺。逐儺是一種驅逐疫癘凶鬼的巫舞，又稱「儺」、「大儺」。《論語·鄉黨》載：「鄉人儺。」《禮記·月令》載：「命有司大儺。」《呂氏春秋·季冬紀》注云：「臘歲前一日，擊鼓驅疫，謂之逐除。」可見，先秦時期這種逐儺儀式已很盛行。

儺舞由方相氏帶領上百人進行，還要擊鼓呼噪。《周禮·夏官司馬第四·方相氏》載：「方相氏掌蒙熊皮，黃金四目，玄衣朱裳，執戈揚盾，率百隸而時儺，以索室驅疫。」《莊子》[010]中以游島、雄黃對話的形式講述了當時的儺舞。游島問雄黃曰：「今逐疫出魅擊鼓呼噪，何也？」雄黃曰：「黔首多疾，黃帝氏立巫，咸使黔首沐浴齋戒，以通九竅；鳴鼓振鐸，以動其心；勞形趨步，以發陰陽之氣；飲酒如蔥，以通五臟。夫擊鼓呼噪，逐疫出魅鬼。黔首不知，以為魅崇也。」

---

[010] 《太平御覽》卷五三○〈禮儀部九·儺〉引，北京：中華書局，1960年影印版。

宋代佚名繪〈儺圖〉

從「咸使黔首沐浴齋戒」來看，當時的儺舞是在方相氏的帶領下，所有的人都參加，在驅鬼逐疫的同時，還透過儺舞「勞形趨步」，來通暢心氣、袪疾健身。

到了漢代，不僅流行於民間，宮中也形成了隆重而盛大的驅鬼逐疫儀式。據《後漢書·禮儀志中》記載，漢宮中的大儺儀式，選 10 - 12 歲的中黃門子弟 120 人為侲子（侲，音ㄓㄣˋ，驅鬼的童子），頭帶紅幘，身穿皂衣，手持鼓。又有人身披熊皮，手執戈和盾，扮作方相氏主舞，帶領由 12 人扮演的猛獸，一邊揮舞，一邊呼喊。皇帝和文武官員齊集殿前。儺舞反覆三遍後，持火炬送疫癘凶鬼出端門，再由千

名騎士接過火把送出司馬門。門外又有五營騎士千人接過火把，送到洛水邊，將火把投入水中。這幅人神聯合驅鬼的場面極其壯觀，別說沒有鬼，就是真有惡鬼，也早被這強大的陣勢嚇跑了。

到唐宋時，儺舞儀式發展為儺戲，驅鬼逐瘟的功能淡化了，表演性、觀賞性和娛樂氣氛加強了。

宮廷的儺戲，有音樂伴奏，文武百官可帶家眷一起觀賞。宋朝的宮廷儺戲十分奢侈、排場。據《東京夢華錄》卷十〈除夕〉記載，儺戲由皇城親事官和值班衛士擔任。又從教坊中挑選有表演技能的各色人來扮演。這些人要戴假面具，鎧甲、旗幟、刀劍一應俱全。扮演的角色有將軍、門神、鍾馗與小妹、灶神、土地神及各種神兵等，共計有千餘人。陸游《老學庵筆記》卷一載，宋徽宗政和（西元1111－1118年）中大儺，桂府進奉的面具「以八百枚為一副，老少妍陋，無一相似者」。

民間的儺舞也發展為只有三四人的歌舞，可即興表演說唱故事，也是賣藝者乞錢謀生的手段。名稱有打夜胡（狐）、跳灶王、跳鍾馗。為了乞錢，這種三五人表演的儺舞，一進臘月門就開始了。由他們扮演的灶公、灶婆、鍾馗滿街串，住戶都要施捨米、錢，不然就不離開。到臘月二十四，跳灶王停止，跳鍾馗一直到除夕。

明清時期，儺戲在大部分地區演變為元宵節扮演雜劇，除夕前扮儺戲者逐漸減少，且多為兒童，已非普遍流行的風俗了。辭灶後「兒童擊鑼鼓，飾鬼面，有儺戲逐疫之遺」、「有用兵戈金鼓，彩旗色衣，塗面為逐疫之戲者，則童子群趨之」。[011]

晚清民國以後，儺戲演變為正月裡唱大戲。它徹底清除了逐儺的陰影，將喜慶、歡快的娛樂氣氛推至高潮，並賦予了時代和科學的新內容、新藝術。

（二）門神、桃符、春聯、年畫

經過逐儺儀式把惡鬼趕走後，決不能讓它們再進家門，中國人很早就有除夕貼門神的習俗。

中國最早的門神是神荼和鬱壘。據東漢王充《論衡‧訂鬼》引《山海經》、《風俗通‧祀典》引《黃帝書》、蔡邕《獨斷》記載，滄海度朔山上有棵大桃樹，伸展三千里，其枝的東北日「鬼門」，有萬鬼出入。樹上有神荼、鬱壘兄弟倆，負責領閱萬鬼，拿著葦索，有惡鬼就捆起來餵老虎。黃帝請他倆驅鬼，以桃木梗削神荼、鬱壘的形象立在門上，並在門上懸掛葦索，稱作「懸葦」。

---

[011]　丁世良、趙放主編：《中國地方志民俗資料彙編》華東卷上引乾隆二十七年山東《樂陵縣志》、康熙四十九年山東《荏平縣志》，北京：書目文獻出版社，1995 年版，第 132、313 頁。

清代年畫〈門神：神荼、鬱壘〉

　　《戰國策·齊策三》載，蘇秦對孟嘗君說：「今者臣來，過於淄上，有土偶人與桃梗相與語。桃梗謂土偶人曰：『子，西岸之土也，挺子以為人，至歲八月，降雨下，淄水至，則汝殘矣。』土偶曰：『不然。吾西岸之土也，土則復西岸耳。今子，東國之桃梗也，刻削子以為人，降雨下，淄水至，流子而去，則子漂漂者將何如耳。」這兩個被捏製、雕刻的偶人應該就是戰國時擺放在門前的門神，冬春乾旱少雨，能夠安然無恙，八月雨多就被沖毀了。待儺舞驅鬼逐疫後，再重新做一對擺放在門口。

　　唐末五代時，人們又以鍾馗為門神。據《唐逸史》和《夢溪筆談》記載，唐玄宗病中夢見一個大鬼捉住一個小鬼，把小鬼的眼睛剜出來吃了。大鬼自稱是落第武舉鍾馗，為玄宗掃除妖孽。玄宗醒後，病就好了。於是，命畫家吳道子畫鍾馗像，手持寶劍，捉一小鬼。這樣，鍾馗取代了神

荼、鬱壘，成為第二任門神。

　　鍾馗任門神不久，大概是因為他猙獰的形象與春節歡快的氣氛不和諧，顯得不夠莊重；也可能是因為他一個人把不住兩扇門，不符合中國人對稱的習慣，很快又被撤換，把門神的職位讓給了秦瓊、尉遲敬德。據《三教搜神大全》載，唐太宗患病，夜裡常聽到惡鬼呼叫。秦瓊、尉遲敬德自願守門，惡鬼就不敢來了。唐太宗不好老是煩勞二人守門，命畫二人的像，貼在宮門上，惡鬼照樣不敢來。後來，漸漸傳到民間，南宋以後民間的門神，大部分是秦瓊、尉遲敬德的畫像了。明人吳承恩還把這一傳說寫進了《西遊記》中。

清代年畫〈門神：鍾馗、秦瓊、尉遲敬德〉

　　唐宋時，因刻桃木人太麻煩，老百姓乾脆就在桃木板上畫二人的像，或寫上二人的名字，除夕更換，叫做「仙木」、「桃符」。王安石〈元日〉詩：「爆竹聲中一歲除，春風送暖入屠蘇。千門萬戶曈曈日，總把新桃換舊符。」、「換舊符」就是更換這種桃符。

　　唐代已興起了雕版印刷術，人們開始在紙上印門神。印出來的門神不僅能驅鬼，而且還具有觀賞、裝飾價值。於是，到宋代便出現了木版年畫。現存最早的木刻年畫是宋版的〈隋朝窈窕呈傾國之芳容〉，畫的是王昭君、趙飛燕、班昭、綠珠四人，習慣上稱〈四美圖〉。明末清初，以天津楊柳青、蘇州桃花塢、山東濰縣的木刻年畫最著名。

清代年畫〈門神：馬武、姚期〉

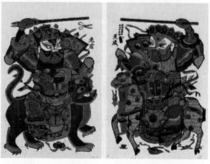

清代年畫〈門神：燃燈道人、趙公明〉

　　雕版印刷的門神出現後，桃符逐步失去了原有的意義。五代時，人們開始在桃符上寫一些吉利詞句，掛在門上。《宋史·五行志》載，宋朝「命翰林為詞，題桃符，正點置寢門左右」。據《宋史·蜀世家》記載，五代十國時，後蜀孟昶（ㄔㄤˋ）自題桃符板「新年納餘慶，嘉節號長春」，一般認為是中國第一副春聯。後蜀太子曾在本宮策勛府桃符上題「天垂餘慶，地接長春。」乾德三年（西元 965 年），北宋滅後蜀，任命兵部侍郎，參知政事呂餘慶知軍府事，以蜀太於策勛襯為處理軍務的處所。有人認為：「呂公名餘慶，太祖皇帝誕聖節號長春，天垂地接，先兆皎然，國之興替，固前定矣。」[012]

清代年畫〈新春圖〉

年畫〈新春大吉〉

[012]　黃休復：《茅亭客話》卷一〈蜀光兆〉，上海：上海古籍出版社，2012 年版，第 99 頁。

中國的對偶句有深厚的文化土壤，漢魏六朝的駢體文刻意追求對偶，古詩中特別是唐詩中有許多對偶佳句，在此基礎上春聯很快沿襲成俗。直到今天的農村，仍久盛不衰。

春聯上方兩邊各有一個「福」字，明清時期也有了。乾隆二十一年（西元 1756 年）山東《黃縣志》載：「除日，貼對聯，宜春，迎福字，換門神，桃符。」

清代〈賣春聯之圖〉

明清時期，早已被撤職的門神神荼、鬱壘、鍾馗，過時的桃符，還成為士大夫復古，追求年味的寄託。如道光二十六年山東《招遠縣志》載：「除日……造桃板著門左右根，謂之『桃符』，換新春聯及鬱壘、鍾馗像。」全中國各地的方志都有類似的記載。

（三）守歲

「一夜連兩歲，五更分二年」。除驅儺、貼門神外，元旦前的主要活動就是守歲了。西晉周處《風土記》載：「除夕達旦不眠，謂之守歲。」士庶之家歡聚一堂，圍爐團坐，是闔家團圓幸福的時刻。西晉臨淄令曹攄，除夕巡監獄，對囚犯們說：「新歲人情所重，豈不欲暫見家邪？」[013] 讓囚犯們都回家過年，克日令還。到了約定的日期，犯人們自動投獄，無一逃亡。《北齊書·循吏傳》載，北齊張華原為兗州刺史，「至年暮，唯有重罪者數十人，華原亦遣歸家申賀，依期至獄」。

隋唐時期，守歲風俗大行。據說，隋煬帝除夕守歲，用沉香、檀木兩種香木架篝火，火焰高達十餘丈，香聞數十里，一夜要燒掉珍貴香木 200 多車。唐代宮中守歲，在儺舞的同時，也「燃巨燭，燎沉檀」，並大擺宴席，大臣應製作詩。唐太宗就作過〈守歲〉詩。唐朝詩人沈佺期在〈守歲應制〉詩中寫道：

> 殿上燈人爭烈火，宮中侲子亂驅妖。
> 宜將歲酒調神藥，聖祚千春萬國朝。

---

[013] 《晉書·良吏·曹攄傳》，北京：中華書局，1974 年版。

沈佺期在詩中提到歲酒，是守歲或元日喝的椒柏酒、屠蘇酒。漢代「元日進椒柏酒。椒是玉衡星精，服之令人身輕，能耐老。柏是仙藥。又云進酒次第當從小起，以年少者為先」[014]，還要飲用桃樹葉、莖熬成的桃湯，以壓邪氣。魏晉以後，又增加了屠蘇酒。《荊楚歲時記》[015] 載：「元日服桃湯。桃者五行之精，厭服邪氣，制百鬼。今人進屠蘇酒、膠牙餳，蓋其遺事也。」孫思邈的《千金方》有屠蘇酒方。飲酒的次序與傳統的敬老次序相反，先少後老。因年少者得歲，年老者失歲，含重視子孫後代之意。明韓奕〈新歲述懷〉云：「白首坐中堂，屠蘇最後嘗。」

從隋唐到明清、民國，守歲之俗相沿不衰。北宋蘇東坡因在陝西任職，給弟弟蘇轍寫了〈守歲〉、〈饋歲〉、〈別歲〉三首詩，其中有「兒童強不睡，相守夜喧譁」的詩句。南宋文天祥被俘後，在鐵窗內還寫過〈除夜〉詩，其中有「無復屠蘇夢，挑燈夜未央」之句。

宋代以後的守歲，房廚燈燭徹夜不滅，稱作「守歲燭」、「照年」、「上燈」。富貴人家的守歲燭粗大如椽，窮困小戶用細燭，燈火微弱，只要終夜不滅就行了。

---

[014]　《太平御覽》卷二九〈時序部一四‧元日〉引東漢崔寔《四民月令》，北京：中華書局，1960 年影印版。

[015]　《太平御覽》卷二九〈時序部一四‧元日〉引，北京：中華書局，1960 年影印版。

除家中的燭火外，隋唐時期除夕「架篝火」的舊俗演變為燃燒束草和點天燈，稱作「照庭」、「旺火」。清康熙五十七年山西《臨汾縣志》載：「元日夙興，燔柏葉，或焚束薪，名曰『興旺火』。」[016] 所謂「點天燈」是在天井中樹一根高數丈的桿子，綁上松柏枝燃之，或點一隻燈籠，掛在桿子上。《帝京景物略》載：「竿標樓閣，松柏枝蔭之，夜燈之，曰『天燈』。」[017] 現在除夕夜，則家家戶戶掛燈籠，通宵達旦。

清代黃鉞繪〈春社迎祥圖〉

明清時期，除夕守歲出現許多和元旦日重複的習俗，如放爆竹、禮百神、祀祖先、拜尊長、親族互拜等，稱作「辭歲」、「辭年」、「分歲」、「添歲」。康熙三十三年《登州府志》

---

[016]　丁世良、趙放主編：《中國地方志民俗資料彙編》華北卷引，北京：書目文獻出版社，1995 年版，第 642 頁。

[017]　丁世良、趙放主編：《中國地方志民俗資料彙編》華北卷引，北京：書目文獻出版社，1995 年版，第 2 頁。

載：「至戊夜（五更），明燎爆竹，禮百神，祀祖先，俱同元旦之儀。祭事畢，群子弟暨卑幼各稱觴，為父兄尊長壽，謂之『添歲』。」所謂「俱同元旦之儀」，是說這些儀式，到元旦還要再來一遍。

「辭歲」拜賀尊長完畢，家長要給卑幼者分「守歲錢」。道光二十六年《招遠縣志》載：「家長集群子弟為守歲宴。稚子則餅餌啖之，人予以守歲錢，自幼而長，婢僕皆然云。」直到今天的春節，「守歲錢」、「壓歲錢」仍盛行。

三、元旦

經過除夕一夜的折騰和盼望，終於迎來了新的一年，也就開始了新年的儀式。

（一）放爆竹

漢代沒有火藥，在堂前用火燒烤竹節發出噼噼啪啪的響聲，以「關山臊惡鬼」。據說，山臊惡鬼居深山中，有一尺多高，人碰上就會生病。

《神異經·西荒經》載：「西方深山中有人焉，身長尺餘，袒身捕蝦蟹，性不畏人，見人止宿，暮依其火，以炙蝦蟹，名曰山臊，其音自叫。人嘗以竹著火中，爆火樸而出，臊皆驚憚。犯之令人寒熱。」

　　《荊楚歲時記》載：「正月一日，是三元之日也，春秋謂之端月。雞鳴而起，先於庭前爆竹以闢山臊惡鬼。」

　　魏晉時，煉丹家們發現硝石、硫黃、木炭合在一起能燃燒。宋代高承《事物紀原》說，「馬鈞始制爆仗」，恐不確。爆仗的出現應該與火藥同步或稍晚一點。唐代仍用爆竹，稱作「爆竿」。宋代已普遍使用紙裹火藥製成的爆仗、鞭炮和「起火」。以後逐步改進，並推廣到各種喜慶場合。

放鞭炮
選自清宮繪本《升平樂事圖冊》

（二）穿新衣、吃水餃、拜年和投刺

明清時期的元旦，「無論男女貧富，俱著新潔衣履」[018]，先焚香祀天地、祖先，再拜尊長，吃水餃。然後出門拜宗族親朋。

中國隋唐時期已有水餃，俗稱「餃子」、「元寶湯」。進入近代以來，餃子的花樣增多了，並成為必食的元旦節日食品。中國有句俗語叫「誰家過年不吃頓餃子」。光緒二十四年河北《灤州志》[019]講：「元旦日，食必水餃，其俗千里不異。」民國三十年山東《濰縣志稿》[020]載：「無貧富均食餃子（俗呼曰扁食），殆取更新交子之義。或暗以花生、棗、栗及銅錢藏之餃子中，家人食得者則輒幸，遇事順利。」

漢代已有拜年之風。朝廷文武百官首先要給天子行賀年禮，叫做「正旦大會」、「正朝」。正朝自漢至清沿襲不改，禮儀越來越森嚴，由普天同慶、與民同慶，發展到純粹為皇帝一人拜年。

據《後漢書‧禮儀志中》記載，漢代的正朝，公侯以璧，二千石官以羊羔，六百石官以雁，四百石以下官以雉，

---

[018]　丁世良、趙放主編：《中國地方志民俗資料彙編》華東卷上引康熙四十七年山東《鉅野縣志》，北京：書目文獻出版社，1995 年版，第 306 頁。

[019]　丁世良、趙放主編：《中國地方志民俗資料彙編》華北卷引，北京：書目文獻出版社，1995 年版，第 263 頁。

[020]　丁世良、趙放主編：《中國地方志民俗資料彙編》華東卷上引，北京：書目文獻出版社，1995 年版，第 207 頁。

送給皇帝作拜年禮。皇帝要設宴招待群臣。晉朝還要給百官增祿。南朝梁除賜宴外，要賜群臣辟惡散、卻鬼丸等物。隋唐時期，皇帝也要賜柏葉，賜御酒，頗有點君臣禮尚往來的味道。

明清時期就不同了。明朝不僅京官正朝，地方官也要向皇帝遙祝。清代元旦朝賀從子夜就開始了。皇帝祭天地，百官要在午門外相送，回來到永壽宮祭祖，給太后行禮，到太和殿接受外臣朝賀，回乾清宮接受嬪妃、太子、公主、郡主、宮女、諸王三跪九叩禮，百官都要恭候，跟著一塊跪拜。從子夜一直折騰到中午，不知磕了多少頭，折了多少腰，早已是飢腸轆轆，頭昏眼花，然而皇帝卻不賜宴，大臣們各自拖著疲憊的身子回家用膳。皇帝僅為宗室、王公、貝勒等近臣賜宴。這哪兒是慶賀，簡直是一種肉體摧殘。這種演變，反映了君主專制制度的僵化和沒落。

民間拜年主要是拜同宗族的尊長和親戚，一般在元旦當日，拜親戚可推後。據《元史·孝友傳一》記載，浙江金華鄭氏每逢元旦等歲時，家主鄭大和端坐堂上，「群從弟子皆盛衣冠，雁行立左序下，以次進，拜跪奉觴上壽畢，皆肅容拱手，自右趨出」。氣氛肅穆，無一人敢喧譁、擁擠。

明清時期，士大夫階層出現復古風，講究節日的禮儀性和應酬性，元旦拜年變得複雜、煩瑣，庸俗、虛偽的人際關

係充斥到節日風俗中。尤其是拜尊長和親族互拜，除夕夜剛剛進行過，轉過身來再拜。清人富察敦崇《燕京歲時記》載，拜年時「親者登堂，疏者投刺而已。貂裘莽服，道路紛馳，真有車如流水，馬如游龍之盛」。

〈拜賀尊長圖〉
選自清代《年節習俗考全圖》

投刺類似今天的遞名片、名帖，是古人交往的一種形式。古人謁見，先要投刺。秦末酈食其（一ˋㄐㄧ一）欲見劉邦，瞋目按劍叱責劉邦的使者，「使者懼而失謁，跪拾謁」[021]。「謁」，就是酈食其見劉邦的名帖。這種謁，到西漢末又稱刺。清人趙翼《陔餘叢考·名帖》載：「古人通名，本用削木書字，漢時謂之謁，漢末謂之刺。漢以後雖用紙，而仍相沿曰刺。」

宋人平時以名刺廣交朋友，元旦忙得不能登門拜賀，都是望門投刺。明清時期更加盛行。有的叫「飛貼」、「拜年貼」，素不相識也互相投貼。有的人家乾脆在門口掛上紅紙袋，號為「門簿」，來接受拜年貼，以收得多者為榮。

說到名刺，還有一段慈禧太后與吳棠交往的傳說。據清末惲毓鼎《崇陵傳信錄》載：

> 孝欽后為葉赫那拉氏。天命朝，大兵定葉赫，頗行威戮，男丁罕免者。部長布揚古臨沒憤言曰：「吾子孫雖存一女子，亦必覆滿洲。」以此祖制，宮闈不選葉赫氏。孝欽父任湖南副將，卒官。姊妹歸喪，貧甚，幾不能辦裝。舟過清江浦，時吳勤惠公棠宰清江。適有故人官副將者，喪舟亦艤河畔。勤惠致賻三百兩（或傳兩千兩，非也），將命者誤送孝

欽舟。覆命，勤惠怒，欲返璧，一幕客曰：「聞舟中為滿洲閨秀，入京選秀女，安知非貴人，姑結好焉，於公或有利。」勤惠從之，且登舟行弔。孝欽感之甚，以名刺置奩具中，語妹曰：「吾姊妹他日倘得志，無忘此令也。」既而孝欽得入宮，被寵幸，誕穆宗。妹亦為醇賢親王福晉，誕德宗。孝欽垂簾日，勤惠已任知府，累擢至方面，不數年督四川。勤惠實無他材能，言官屢劾之，皆不聽。薨於位，易名曰惠，猶志前事也。

民國時，由於西方文化的傳入，公曆新年也送印刷而成的賀年片。1911 年正月十一日上海《民立報》登載的〈新式名片出現〉稱：

近年吾國用品每喜參用西式，即名柬一項亦都以西式為便。唯此種名柬均為日本人仿造，顏色純素，於吾國交際場中不甚相宜，每人溢位之利亦頗不少。商務書館有鑑於此，特製新式名柬十餘種，或畫或字，模樣既精緻可喜，設色亦美麗動人，供閨閣名妹之用，也可備新年賀禧之需也。

其實，名片、賀年片，都是中國舊有的傳統，是古代人際交往的一種媒介。

（三）破五

唐代詩人張籍〈吳楚歌詞〉有「今朝社日停針線」的詩句，可知隋唐時期的節日就有諸多的忌諱。明清以來，人們越發講求萬事大吉，除夕和春節的忌諱明顯增多了。過年「相見各道吉利語」[022]，所有不吉利的字眼都不能吐口。尤其是對小孩，大人總是千叮嚀，萬囑咐，一旦口出不吉利的話語，就會遭到大人的訓斥。民初時流行這樣一段笑話：

有一店鋪掌櫃大年三十圖吉利，給一個夥計取名高升，另一個夥計取名進財。並告訴他倆，初一早上喊他們吃餃子時，一定要響響快快地答應。初一凌晨，掌櫃早早煮好水餃，喊他倆起來，吆喝一聲：「進——財！」進財一邊穿衣服，一邊大聲回答：「出去了！出去了！」掌櫃聽了很掃興。接著又喊：「高——升！」高升住在閣樓上，連忙答應：「下來了！下來了！」掌櫃氣得連話都說不出來了。

其他的忌諱還有很多，除夕夜「各室遍燃燈燭，時以百靈下界，雞不鳴，犬不吠，汙水不潑地，炊食不拉風匣，蓋懼有衝撞也」。元旦期間「不以生米為炊」、「不汲水，不灑掃，不乞火，不用針剪」、「男子不舉筆，婦人不拈針，罷市

---

[022] 丁世良、趙放主編：《中國地方志民俗資料彙編》華東卷上引中華民國二十二年江蘇《吳縣志》，北京：書目文獻出版社，1995年版，第377頁。

三日」。[023] 乾隆四年《天津志略》[024] 載：「元旦日食黍糕，日年年糕。（拜年）於至親、至友處則登堂叩頭，主人餉以百事大吉盒，中置柿餅、荔枝、桂圓、核桃、棗、栗等品，一品必佐以吉語，柿餅曰事事如意，核桃曰和和氣氣，更合棗、栗、花生、桂圓，而曰早生貴子。……是日，禁刀剪及裁割、掃除、傾水等事……初五日謂之『破五』，五日內最忌損壞物件及煎烤食物。」

所謂「破五」，是說過了正月初五這天，除夕和春節的諸多禁忌都可以破，祭祀、拜年、酒宴等，也都停止了。從初六開始，工商開市，農民勞作，一切恢復到平日狀態，元旦結束了。從以下方志的記載即可看出這一習俗的含義：

民國二十二年北京《順義縣志》：「元旦燃燭、爇（ㄖㄨㄜˋ）香、放爆竹。各戶互拜年，分別尊卑長幼，至五日止。」

清康熙三十二年福建《建寧府志》：「元旦祈年，男女夙興，潔廳宇，陳酒果，焚楮（ㄔㄨˇ）幣，以拜上下神祇。慶節饗祀畢，序拜稱觴，然後親族里鄰更相造拜，設酒食相

[023] 丁世良、趙放主編：《中國地方志民俗資料彙編》華東卷上引中華民國二十四年山東《青城縣志》、中華民國三十年《濰縣志稿》、中華民國八年江蘇《太倉州志》、中華民國九年江蘇《六合縣續志稿》，北京：書目文獻出版社，1995年版，第182、207、415、367頁。
[024] 丁世良、趙放主編：《中國地方志民俗資料彙編》華北卷引，北京：書目文獻出版社，1995年版，第52頁。

款，凡五日止。謁墓、祭灶、祭門，亦初五日止。」

民國二十二年遼寧《鐵嶺縣志》：「五日午前，各神位前供品一致徹（撤）去，家主跪拜如儀，曰『送神』。是日晨，家家乃食水餃子，曰『捏破』。此五日內，無分貧富，飲食豐美。屋內忌灑掃，塵垢堆積屋角，過六日始除之。初六日，農家即於是日工作，工商各戶亦於是日開始營業……年前新婚夫婦於是日具禮物同往母家，曰『拜新年』。」

民國十八年遼寧《錦西縣志》：「初五日名『破五』，家家均啖葷餃，並於是日撤供，即送神也。初六日，工商開市。」

民國十六年遼寧《興城縣志》：「初五日，朝膳捏麵餃食之，俗曰『捏破』。是日也，撤供桌，開箱規，試剪刀，過此婦女始外出拜賀，亦曰破五。初六日為商家開市之期。」

民國十八年吉林《安圖縣志》：「初五日，俗呼為『破五』。晨起，於各神位前拈香叩首，事畢，然後一律撤供。」

民國二十年吉林《輯安縣志》：「初一至初五，謂之『破五』，因系一年中吉凶所觀，此五日內不煮生米為飯……初六則為『過破五』，而不禁忌矣。」[025]

---

[025]　丁世良、趙放主編：《中國地方志民俗資料彙編》引，北京：書目文獻出版社，1995年版，華北卷第22頁，華東卷下第1239頁，東北卷第112、230、236、295、337頁。

「百里不同風，千里不同俗」，正月初五破五又稱作「五窮日」、「送窮」、「送五窮」、「送五窮鬼」。這一習俗由來已久。宋人釋心道〈燒木佛〉有「石崇猶自送窮船」的詩句。清光緒十一年山西《屯留縣志》[026] 講：「五日送窮，謂仿石崇送窮船之意，雖韓子辨之甚悉，然鄙俗不能革。」、「韓子」是指唐朝文學家韓愈，《全唐文》卷五百五十七載有他的〈送窮文〉。

文中講，主人韓愈認為自己被「智窮、學窮、文窮、命窮、交窮」五個窮鬼纏身，使他一生困頓。他吩咐僕人扎柳車草船，裝上乾糧，把五個窮鬼送走。不料窮鬼們不但不走，反而歷數自己 40 多年來追隨主人韓愈備嘗艱苦的經歷和耿耿忠心，並要求主人把送走他們的理由說清楚。主人回答說：「你們五個窮鬼中，『智窮』鬼讓我剛強高尚，惡圓滑而喜正直，恥於奸詐，不忍傷害別人；『學窮』鬼讓我探究真理，博採百家學說；『文窮』鬼讓我的文章切中時弊，不容當世，只能自娛；『命窮』鬼讓我外表醜而心靈美，不牟私利而勇於承擔；『交窮』鬼讓我誠信待友，忠肝義膽，而對方卻怨我恨我。你們讓我沉迷於這些品德，讓我倒楣，陷於飢寒，遭人訛傳譏諷，卻又無怨無悔……

---

[026]　丁世良、趙放主編：《中國地方志民俗資料彙編》華北卷引，北京：書目文獻出版社，1995 年版，第 639 頁。

　　話沒說完，五鬼瞪眼吐舌，拍手頓腳，對主人韓愈說：「你實在是小聰明大糊塗。人生能有幾何？我們替你立身揚名，百世流芳。小人君子，其心不同，只有不趨炎附勢，才能和天理相通。你在這世上的知音，莫過於我們。你雖遭貶斥，我們仍不忍心疏遠你，你好好從『詩書』中研究研究這些道理吧。」

　　主人韓愈被五窮鬼說得理屈詞窮，連忙拱手稱謝，燒掉車船，把他們「延至上坐」。

　　韓愈的〈送窮文〉詼諧有趣，實際上讚揚了古代士人「窮不失義」、安貧樂道，勇於針砭時弊的高尚品格，文章說是「送窮」，實則是「贊窮」、「留窮」。

　　大概是從西晉石崇、唐朝韓愈以後，民間正月初五有了燃放鞭炮「送窮」的風俗。有的是「五窮鬼」，有的傳說是顓頊宮中的「窮鬼」，有的是「五窮媳婦」，從下列方志記載中即可看出：

　　清康熙五十六年山西《解州志》：「〈金谷園記〉云：昔顓頊時，宮中生一子，好服浣衣，人作新衣與之，即裂破，以火燒穿著，宮人共號『窮子』。其後以晦日卒，人葬之，曰『今日送窮』。因此相承，號『送窮』。昌黎（韓愈）有〈送窮文〉，但送窮，古以晦日，今用五日，稍異。」

　　清光緒八年河北《懷來縣志》：「初四晚，掃室內臥席下土，室女剪紙縛稭，作婦人狀，手握小帚，肩負紙袋，內盛

餱糧，置箕內，曰『掃晴娘』，又曰『五窮娘』，昧爽有沿門呼者：『送出五窮媳婦來！』則啟門送出之。人拾的則焚，灰於播種時和籽內，謂可免雀鳥彈食。或不焚，逢陰雨懸之簷端，可掃翳祈晴。」

民國二十三年河北《萬全縣志》：「正月初五，俗謂之『破五』。是日，商肆整理帳目、貨物，以備照常交易，居民亦各謀所業。是晚，各家皆用紙紮一婦人，高約四五寸，身背紙袋，將屋隅穢土掃置其袋內，燃炮炸之門外，俗謂之『送五窮』。兒童併為諺，高聲歌於街巷曰：『五窮媳婦五窮排，家家門上送出來。不管禿子、瞎子送出一個來。』」

民國十八年山西《翼城縣志》：「正月初五日謂之『破五』。取爐灰少許於筐，剪楮人五，送至門外，焚香放一炮而還，名曰『掐五鬼』。亦曰『送窮氣』。是日，以刀切麵，煮而食之，名曰切五鬼。晚則撤祖先案上陳列祭品，放鞭炮，焚香禮拜，移神主於舊龕內，謂之『送祖宗』。」

清同治十一年山西《河曲縣志》：「初五日，俗謂之『破五』。黎明，掃室中塵土汙穢送於巷口，焚香燃爆，名曰『送窮』。間有剪紙為婦人形者，則曰『送窮媳婦』。韓昌黎送窮鬼豈婦人耶？里巷不經之事，付之一噱可也。」[027]

---

[027]　丁世良、趙放主編：《中國地方志民俗資料彙編》華北卷引，北京：書目文獻出版社，1995 年版，第 689、140、206、655、566 頁。

　　破五的第三個風俗含義是「送窮土」。由於從除夕到破五前，俗忌灑掃，到初五這天將這幾天的塵土汙穢一併掃地出門。民國二十八年河北《趙州志》載：「五日掃除穢土置門外，日送『五窮』。」也有的既送窮土，又送五窮媳婦。民國二十四年《張北縣志》載：「正月初五日，俗謂之『破五』，各家用紙製造婦人，身背紙袋，將屋內穢土掃置袋內，送門外燃炮炸之，俗謂之送五窮。亦有兒童高喊歌唱者。」[028]

　　幾千年不得溫飽的貧窮生活，使脆弱的小農談窮色變，只能藉助元旦送窮的習俗來表達自己的美好願望，享受這空洞的慰藉和滿足。

　　由於正月初五是元旦的結束，民間「五日，祀五路神，以祈財利。自子至辰，爆竹不絕聲」。「五日，市賈祀財神開市。嘉、道年間，初三日始有開店者，今初二日列肆滿街，蓋民貧俗儉，買者賣者均無力坐食矣」[029]。「五路神」即財神，在明代許仲琳《封神演義》中的五路財神是趙西元帥和招寶天尊蕭升、納珍天尊曹寶、招財使者陳九公、利市仙官姚少司。也有的說「五路」謂東、西、南、北、中，意為

---

[028]　丁世良、趙放主編：《中國地方志民俗資料彙編》華北卷引，北京：書目文獻出版社，1995年版，第111、156頁。

[029]　丁世良、趙放主編：《中國地方志民俗資料彙編》華東卷上引清光緒八年江蘇《周莊鎮志》，中華民國八年江蘇《太滄州志》，北京：書目文獻出版社，1995年版，第390、415頁。

出門五路，皆可得財。民間傳說正月初五是財神的生日，各家置辦酒席，為財神賀辰，希望它在新的一年保佑大家財源滾滾。

（四）初一以後的節日

宋朝以後，隨著娛樂活動和拜訪的增多，春節的時間拉得越來越長。由於節日太多，以至於出現節中套節的現象。同時，節日的密度也增大了，從元旦到元宵，幾乎天天都有，甚至是雞狗菜果都排上了節日。

皮影戲
民間一種慶祝春節的傳統慶典狂歡活動

各地許多方志都引西漢東方朔《占書》云：「一日為雞，二日為犬，三日為豬，四日為羊，五日為馬，六日為牛，七日為人，八日為穀，九日為果（有的為蠶），十日為菜（或麥），是日晴和則吉，陰慘則否。」

據《北史·魏收傳》載，東魏孝靜帝「問何故名『人

日』」？群臣「皆莫能知」，魏收回答說：「晉議郎董勳《答問禮俗》云：正月一日為雞，二日為狗，三日為豬，四日為羊，五日為牛，六日為馬，七日為人。」魏收只提晉董勳，不提西漢東方朔的《占書》，可能《占書》所記是後人附會的。但至少從魏晉時期，就有這種說法了。後來民間又把正月十一日作為莊稼會。

其實，這些日子並不是獨立的節日，而是正月裡的風俗事項，人們只是「以天之晴陰驗人畜、穀菜之否泰、豐歉」[030]。在這些節日中，最重要的是初七人日。唐詩人杜甫有「人日題詩寄草堂」的詩句。《荊楚歲時記》載：「正月七日為人日，以七種菜為羹，剪彩為人，或鏤金箔為人，以貼屏風，亦戴之頭鬢。又造華勝相遺。」《雜五行書》[031]講：「正月七日，男吞赤豆七顆，女吞二七顆，竟年無病。」這種人和家畜、莊稼一起排序的風俗，是中國農業與家庭畜牧業相結合、自給自足的自然經濟的反映。

後來，從元旦到元宵節一直充滿節日氣氛。甚至有「有心拜節（年），寒食不遲」[032]之說。

---

[030] 丁世良、趙放主編：《中國地方志民俗資料彙編》華北卷引中華民國二十年河北《乾安縣志》，北京：書目文獻出版社，1995 年版，第 228 頁。

[031] 《太平御覽》卷三〇〈時序部一五‧人日〉引，北京：中華書局，1960 影印版。

[032] 《古今圖書整合‧歲功典‧元旦部》引《直隸志書》，北京：中華書局，成都：巴蜀書社，1985 年版。

● 第三節

元宵節

夏曆正月十五是元宵節。道教稱作上元節,是上元天官降凡賜福之日,在民間影響不大。

一、元宵節的起源

元宵節是先秦時期「庭燎」、漢武帝祭祀「泰(太)一」神,佛教燃燈禮佛互相融合的產物。

先秦時的庭燎有兩種。一種表天子勤政。諸侯來朝時,天子在夜未央燎燭以問夜,等待時刻到來,以使諸侯早朝。《詩·小雅·庭燎》歌頌周宣王說:「夜未央,庭燎之光,君子(諸侯)至止,鸞聲將將。」另一種是喪葬、祭天、來賓等邦國大事,皆燎燭照眾。《周禮·秋官司寇·司烜氏》載:「凡邦之大事,共墳庭燎。」鄭玄注曰:「墳,大也。樹於門

外日大燭，於門內日庭燎，皆所以照眾為明。」這種庭燎之俗，沒固定在某天進行，可視為元宵節放燈的最早淵源。

漢武帝在五帝之上又設立了個最高天帝，叫泰一神，在甘泉宮修建泰一神祠壇。正月十五黃昏開始，用盛大的燈火祭祀，通宵達旦。東漢明帝時，蔡愔從印度求得佛經歸來，為了弘揚佛法，下令正月十五在宮廷和寺院「燃燈表佛」。據唐道世撰《法苑珠林》說，東漢明帝永平十四年（西元71 年），召諸山道士與西域和尚在白馬寺比較法力。道士設壇焚經，而和尚的舍利經像「光明五色，直上空中，旋環如蓋。於時，天雨寶花，大眾咸悅」。當時道教僅有黃老道等原始形態，上述說法顯然是為了揚佛抑道而作。不過，正月十五放燈火的確是中印文化交流的結果。東漢班勇《西域記》[033] 載：「摩揭陀國正月十五日僧徒俗眾雲集，觀佛舍利放光雨花。」佛教燃燈禮佛的形式，把漢宮中放燈火祭泰一神的風俗帶到了民間。從此，就有了正月十五張燈結彩的風俗。

中國古代有宵禁之制。《周禮·秋官司寇·司寤氏》載：「掌夜時，以星分夜，以詔夜士夜禁。禁晨行者，禁宵行者、夜遊者。」漢代兩都亦有宵禁之制，由執金吾負責。後

---

[033] 《太平御覽》卷三〇〈時序部一五·正月十五日〉引，北京：中華書局，1960 年影印版。

來歷代王朝均奉行不替。如《元史·兵志四》載:「其夜禁之法:一更三點鐘聲絕,禁人行;五更三點鐘聲動,聽人行。」漢代皇帝特許,正月十五和前後兩晚弛禁,允許百姓觀燈。

元宵節始盛行於隋朝,後歷代王朝經久不衰。

《隋書·柳彧傳》記載,柳彧上書隋文帝說,每逢正月十五,人們「充街塞陌,聚戲朋遊,鳴鼓聒天,燎炬照地,人戴獸面,男為女服,倡優雜技,詭狀異形」,有的「高棚跨路,廣幕陵雲,袨(ㄒㄩㄢˋ)服靚妝,車馬填噎……竭貲破產,競此一時」,請禁絕這一競奢的風俗。隋文帝還算個節儉的皇帝,採納柳彧的建議,禁止元宵張燈及娛樂活動。相州刺史長孫平因禁止不力,被免官。到隋煬帝時,又帶頭鋪張起來。據《隋書·音樂志》載:「每歲正月,萬國來朝,留至十五日。於端門外,建國門內,綿亙八里,列為戲場。」化了妝,穿上五彩繽紛的婦人服的歌舞人員有 3 萬多人。文武百官都在路旁搭起棚子觀看。燈火光照天地,徹夜不滅,歌舞也夜以繼日,直到正月三十日。

隨著元宵放燈活動越演越烈,唐代「正月十五日夜,敕金吾弛禁,前後各一日,以看燈火。」[034]

---

[034] 《太平御覽》卷三〇〈時序部一五·正月十五日〉引《兩京新記》,北京:中華書局,1960 年影印版。

宋徽宗在金國虎視眈眈的情況下，每年都隆重慶祝元宵節。宣和四年（西元 1122 年），元旦剛過，宋徽宗便數著天數盼望元宵節的到來。一嫌日子過得太慢，二怕到了那天天陰下雪掃了興，竟想出了一個荒唐的新招 ── 預借元宵。有位無名氏者，寫了一首〈賀聖朝〉云：「太平無事，四邊寧靜狼煙渺。國泰民安，謾說堯舜禹湯好……奈吾皇，不待元宵景色來到，只恐後月，陰晴未保。」沒過五年，宋徽宗就當了金人的俘虜。

明成祖永樂七年規定：「上元節自十一日為始，賜節假十日。」[035]

[035]　《古今圖書整合·歲功典·上元部》引〈永樂七年詔〉，北京：中華書局，
　　　成都：巴蜀書社，1985 年版。

〈憲宗行樂圖〉
圖中描繪的是明代成化帝朱見深正月十五在皇宮裡慶賞
元宵節遊玩的各種場景

二、放燈、觀燈和歌舞百戲

元宵節最主要的景觀是放燈。從朝廷到庶民都製作各式各樣的花燈掛在門口街旁。當然還是朝廷帶頭，上行下效。

唐玄宗先天二年（西元 713 年）正月十五，在安福門外製作一巨型燈輪，高達 20 丈，以金銀絲緞為飾，懸掛花燈 5 萬盞，猶如霞光萬道的花樹，燈下還有數千宮女輕歌曼舞。唐玄宗還命南方工匠毛順製造了一座高 150 尺、闊 20 間的燈樓，微風吹來，金玉錚錚作響，燈上虎豹龍鳳騰躍。[036]

---

[036]　《古今圖書整合‧歲功典‧上元部》引〈朝野僉載〉、〈燈影記〉，北京：中華書局，成都：巴蜀書社，1985 年版。

　　皇帝帶頭，皇親國戚也誇富鬥奢。《開元天寶遺事》載，楊貴妃的大姐韓國夫人，製作了「百枝燈樹」，高達 80 尺，放在高山上，百里之外皆見光明。

　　宋代的花燈更加巧奪天工。在棚上張燈結彩，成山林狀，點燃後，萬燈齊明，稱作燈山。皇宮內的燈山有文殊跨獅子，普賢騎象。菩薩的手臂活動自如，手指能噴出五道水柱，飛流直下，狀如瀑布，是中國最早的人工噴泉技術。北宋汴京相國寺大殿前，還有詩燈牌，上書「天碧銀河欲下來，月華如水照樓臺」、「火樹銀花合，星橋鐵鎖開」等詩句。製作時先將木板鏤空成字，放進燈，點燃燈火，再用彩色紗絹罩貼。[037] 其他如火龍燈、琉璃燈、白玉燈、走馬燈等，均精奇豪華，獨具匠心。

　　豪華精奇的花燈，激發了文人學士的絕妙文思。唐詩人蘇味道〈正月十五夜〉云：「火樹銀花合，星橋鐵索開。」宋人何夢桂〈燈夕樂舞〉云：「天碧星河欲下來，東風吹月上樓臺。玉梅雪柳千家鬧，火樹銀花十里開。」簡直句句錦繡，字字珠玉。

　　因此，元宵之夜的京師成為最熱鬧的地方。士女無不爭相觀看，人山人海。唐代長安街上甚至有人被擠得懸空而

---

[037]　參見南宋孟元老：《東京夢華錄》卷六〈元宵〉、〈十六日〉，北京：文化藝術出版社，1998 年版。

起，自己不挪步，被帶出數十步遠。

各地地方官也令窮鄉僻壤的百姓元宵放燈。南宋陸游《老學庵筆記》卷五記載了一位叫田登的知州，「自諱其名，觸者必怒，吏卒多被榜笞，於是舉州皆謂『登』為『火』。上元放燈，許人入州遊觀。吏人遂書榜揭於市曰：『本州依例，放火三日。』」、「只許州官放火，不許百姓點燈」的典故，由此而來。

宋代元宵節的燈品，增加了兩項新內容：一是興起了焰火，又稱煙火，現在叫禮花。南宋周密《武林舊事》卷二〈元夕〉記載了南宋孝宗時元宵節放燈的盛況。當時有一種「金爐腦麝」、「如祥雲五色，熒煌炫轉，照耀天地」，為了觀賞這奇妙的景色，為孝宗擎輦的隨從都倒著行走。越到深夜，煙火越多，「宮漏既深，始宣放煙火百餘架」。二是出現了燈謎，即把謎語貼在燈上，供遊人猜射。《武林舊事》卷二〈燈品〉載：「又有以絹燈剪寫詩句，時寓譏笑，及畫人物，藏頭隱語，及舊京諢語，戲弄行人。」明人徐禎卿《翦勝野聞》[038] 載：「（明）太祖嘗於上元夜微行京師，時俗好為隱語，相猜以為戲。乃畫一婦人赤腳懷西瓜，眾譁然。帝就視，因喻其旨謂淮西婦人好大腳也，甚銜之。明日命軍

---

[038] 《古今圖書整合·歲功典·上元部》引，北京：中華書局，成都：巴蜀書社，1985 年版。

士大僇居民，空其室。蓋馬後祖貫淮西，故云。」看來，古代的節日也不光是喜慶歡樂，還有統治者的暴虐和平民百姓的災禍。

打燈虎兒
選自《清國京城市景風俗圖》
也就是猜謎的活動，因其從李廣射虎的故事中引申而來，
所以俗稱「打燈虎」

除放燈、觀燈，元宵節還有歌舞百戲。《東京夢華錄》卷六〈元宵〉載，歌舞百戲在正月初七前就開始了，「奇術異能，歌舞百戲，鱗鱗相切，樂聲嘈雜十餘里，擊丸蹴鞠，踏索上竿……奇巧百端，日新耳目」。《武林舊事》卷二〈舞隊〉記載的南宋元宵節大小全棚傀儡舞就有查查鬼、快活三郎、瞎判官、快活三娘、男女竹馬、男女杵歌、孫武子教女

兵、撲蝴蝶、劃旱船、踩高蹺、耍和尚等 70 餘種。到了清
代，又增加了扭秧歌、打腰鼓等許多民間娛樂形式。有的地
方以跳繩為戲，稱作「跳百索」。正月十六日男女群遊觀燈
稱作「走百病」。臨水的地方，元宵多放河燈。有的用蘿蔔
之類的東西做燈臺，插上燈芯，放一點油，屋內院內及野外
祖墳上各送一盞，稱作「送燈」。

舞龍 選自清代
《年節習俗考全圖》

花籃燈 選自清宮繪本
《升平樂事圖冊》

正月觀燈 選自
《雍正十二月行樂圖》

大花燈 選自清宮繪本
《升平樂事圖冊》

三、吃元宵

元宵又稱「圓宵」、「圓子」、「湯圓」，是必食的節日食品。

《荊楚歲時記》載，東晉正月十五「作豆糜加油糕」，已有吃糕的習俗。唐代開始吃元宵，當時叫「油䭔（ㄉㄨㄟ）」，北宋陶谷《清異錄》叫「油畫明珠」。宋人因其熟後浮於水面，稱「浮圓子」。南宋始包糖餡，叫「乳糖圓子」。後來，又以白糖、棗泥、芝麻、核桃、山楂、豆沙等製餡，花色品種也就日益多樣化了。

把香甜美味裝到裡面的元宵、月餅以及包子、水餃、餛飩，說明中國人特別重視實際內容的價值取向。反映在人際關係上，中國人特別鄙視那些花言巧語而不務實際的人，總要「觀其言而察其行」，把那些內裡一團糟的人，叫做「金玉其外，敗絮其中」。

賣元宵
選自〈清代民間生活圖集〉

● 第四節
清明節

清明節是二十四節氣之一，但它與上述「四時八節」不同，「四時八節」的節日風俗都是由它自身的時令演變出來的，而清明節的主要風俗寒食、修禊、掃墓等，已脫離了氣候、物候、農事的性質。

一、清明節探源

清明節由寒食、修禊、掃墓三種風俗事象融會而成。

經過一冬的乾燥，春天一打雷，很容易引起火災，所以先秦時有春天禁火的風俗。《周禮・秋官司寇・司烜氏》載：「中春，以木鐸修火禁於國中。」

山西晉地流傳，寒食是紀念春秋晉文公時的介子推。介子推輔佐晉文公在外流亡 19 年，晉文公當上國君後封賞功

臣，遺忘了介子推，遂和母親隱居綿上山中。晉文公得知，圈綿山為介子推封田，故後人又稱綿山為介山。晉地傳說，介子推曾在困餓之際，割下大腿肉給晉文公吃，後來晉文公燒山逼他出來，介子推與母親抱樹被燒死。晉文公哀痛不已，令當地在介子推死日不得舉火。查《左傳》與《史記》，介子推未得封，隱居綿山，晉文公改綿山為介山，並作為介子推的封地，確有其事，但並無燒山和下令寒食之事。

介子推
選自〈人鏡陽秋〉

最早記載晉文公焚山、介子推被燒死的是《莊子》和西漢末劉向的《新序》，但無寒食的記載。如《莊子·盜跖》載：「介子推至忠也，自割其股以食文公。文公後背之，子推怒而去，抱木而燔死。」這裡只是說介子推被燔死，但沒明確說晉文公焚山。東漢末蔡邕的《琴操》[039]將禁火與介子推聯繫起來，但時間是五月五日，而不是清明：「介子綏（推）割腓骨以啖重耳，重耳復國，子綏獨無所得，甚怨恨，乃作龍蛇之歌以感之。終不肯出，文公燔山求之，子綏遂抱木而燒死。文公令民，五月五日不得發火。」

禁火寒食紀念介子推的風俗起自漢代的晉地，但時間是盛冬，而不是清明。《後漢書·周舉傳》載：

> 周舉稍遷并州刺史，太原一郡舊俗以介子推焚骸，有龍（火）忌之禁。至其亡月，咸言神靈不樂舉火，由是土民每冬中輒一月寒食，莫敢煙爨。老小不堪，歲多死者。舉既到州，乃作弔書以置子推之廟，言盛冬去火，殘損民命，非賢者之意，以宣示愚民，使還溫食。於是眾惑稍解，風俗頗革。

把寒食放在清明的前幾日，是在魏晉時期。東晉陸翽（ㄏㄨㄟˋ）《鄴中記》[040]載：「并州俗，冬日後百五日為

---

[039]　《太平御覽》卷三一〈時序部一六·五月五日〉引，北京：中華書局，1960年影印版。

[040]　《太平御覽》卷三〇〈時序部一五·寒食〉引，北京：中華書局，1960年影印版。

介子推斷火冷食三日。」冬至後 105 天，正好是清明之前。另外，《晉書‧石勒載記》、《魏書‧高祖紀》分別記載了後趙石勒、北魏孝文帝禁斷寒食的規定，其時間和唐宋時期基本一致。《東京夢華錄》卷七〈清明節〉也記載：「冬至後一百五日為大寒食……寒食第三節（日）即清明日矣。」

禁火寒食僅在山西介山一帶流行，且魏晉南北朝才放在清明前，在其他地區則不太流行。古代大部分地區清明前後的傳統節日是與春遊聯繫在一起的修禊節，也叫春禊。因在三月上旬的第一個巳日舉行，又叫上巳節。

先秦時期即流行修禊的風俗。《周禮‧春官宗伯‧女巫》載：「女巫掌歲時祓（ㄈㄨˊ）除。」《後漢書‧禮儀志上》注引《韓詩》曰：「鄭國之俗，三月上巳，之溱、洧兩水之上，招魂續魄，秉蘭草，祓除不祥。」春天是瘟疫和流行感冒的易發季節，所以要到水上盥洗，以祓除疾病。可見，修禊節是祛病免災的節日。

兩漢時期，無論官民都要修禊。《後漢書‧禮儀志上》載：「是月（三月）上巳，官民皆潔於東流水上，曰洗濯祓除，去宿垢疢（ㄔㄣˋ，熱病），為大潔。潔者，言陽氣布暢，萬物訖出，始潔之矣。」李賢注曰：「後漢有郭虞者，三月上巳產二女，二日中並不育，俗以為大忌。至此月日諱止家，皆於東流水上為祈禳，自潔濯。」

魏晉南北朝隋唐時期，修禊節固定在三月三日舉行，並由「洗濯祓除，去宿垢疢」的祈禳防瘟疫節日向春遊性質的佳節演變。

《晉書·禮志下》載：「自魏以後，但用三日，不以上巳也。」《鄴中記》[041] 載：「石虎三月三臨水會，公主、妃、主，名家婦女無不畢出臨水。施張（帳）幔，車服燦爛，走馬步射，飲宴終日。」西晉末年，王導為提高司馬睿的聲望，率領北方士族眾星捧月般扈從司馬睿出行，也選擇了士女畢出的修禊節。

東晉永和九年（西元 353 年）修禊節，琅邪臨沂（今屬山東）人王羲之與謝安、孫綽等 41 人在山陰（今浙江紹興）蘭亭「修禊」，大家「一觴一詠」，匯成《蘭亭集》，王羲之為他們寫了讚譽千古的〈蘭亭集序〉。該文敘述了蘭亭周圍的山水之美和聚會的歡樂之情，已沒有了瘟疫垢疢的恐怖和祓禊禳災活動了。

唐代以後，徹底擺脫了祓禊禳災的陰影，被踏青郊遊所取代。

---

[041] 《太平御覽》卷三〇〈時序部一五·三月三日〉引，北京：中華書局，1960年影印版。

〈蘭亭修褉圖〉（局部）

　　到了唐朝，寒食、修褉以及掃墓，都融會到清明節中。清明節作為中國的傳統節日，最後定型。寒食、清明雖混為一談，但仍有先後之別。一般清明前兩日為寒食，需禁火冷食，第三日是清明。

二、清明節的風俗活動

　　隋唐以後，清明節的風俗活動明顯增多，除由修褉節演變而來的踏青春遊、飲酒賦詩外，許多體育娛樂風俗都滲透到清明節中。

（一）「換新火」與清明戴柳

先秦時期就有鑽燧易火、杼井易水、薰屋墐灶的風俗。《管子‧禁藏》載：「當春三月，萩（ㄑㄧㄡ）室燺（ㄏㄢ丶）造（燥），鑽燧易火，杼井易水，所以去茲毒也。」《管子‧輕重己》亦載：「冬盡而春始……教民樵室鑽燧、墐灶、泄井，所以壽民也。」魯國也有類似的風俗。《論語‧陽貨》載：「舊穀既沒，新穀既升，鑽燧改火，期可已矣。」

這裡講了齊魯春天流行的四項禳被消毒、衛生長壽的風俗：

第一，「萩室燺燥」，也叫「樵室」。即燃蒿草薰屋消毒，如果是新造之屋，則燃蒿使之乾燥。「萩」是一種似艾草的蒿草，有香氣，山東至今仍有這種草。

第二，「杼井易水」。「杼」通「抒」，意為舀，取出。即把井裡的陳水淘乾，使其冒出新水，也叫「泄井」。直到明清時期，齊國舊地仍有清明「淘井」的風俗。

第三，「鑽燧易火」即「換新火」。古人認為：「四時變火，以救時疾。明火不數變，時疾必興。」[042] 換新火能防治疾病，當然是認知的失誤，但這種在險惡生存環境下的探索和開拓精神是值得肯定的。

第四，「墐灶」，即用泥土塗塞爐灶，使之煥然一新。

---

[042] 《隋書‧王劭傳》，北京：中華書局，1973 年版。

到隋文帝時，員外散騎侍郎王劭「以古有鑽燧改火之義，近代廢絕，於是，上表請變火」。王劭還講，由於兩晉時期不換新火，以致「有以洛陽火渡江者」[043]。隋文帝採納了他的建議。因此，鑽燧改火的風俗在隋唐再度流行，並放在清明節。唐詩人沈佺期〈寒食〉詩「普天皆滅焰，匝地盡藏煙」，講的是清明前的斷火寒食風俗；杜甫〈清明二首〉詩「朝來新火起新煙」，元人張弘範〈寒食後〉詩「家家鑽火露新煙」，講的是寒食後的換新火風俗。

由於寒食火種滅絕，清明要重新鑽木取火。據《輦下歲時記》、《歲時廣記》記載，唐代宮中有關人員都在宮殿前鑽柳榆取火，先鑽得者還能得到賞賜。皇帝還將鑽取的柳榆火種賜給近臣。有的達官顯貴將傳火的柳條插在門前，以向人炫耀。唐詩人韓翃〈寒食〉寫道：

春城無處不飛花，寒食東風御柳斜。

日暮漢宮傳蠟燭，輕煙散入五侯家。

據唐朝段成式《酉陽雜俎》卷一〈忠志〉載，唐朝皇帝還「賜侍臣細柳圈，言帶之免蠆毒」，這應是清明戴柳的最早記載。五代、宋時，這種炫耀御賜柳條的方式，演變為在門口插

---

[043] 《隋書·王劭傳》，北京：中華書局，1973 年版。

楊柳枝的風俗。《東京夢華錄》卷七〈清明節〉載，寒食的前一日謂之「炊熟」，開封用麥麵做成棗餅飛燕，用柳條串起來，插在門楣上，稱作「子推燕」。宋南渡後，插柳的風俗被帶到了杭州。明清時期，南北各地均有在簷前門上插柳枝的習俗。由於柳枝有御賜的榮耀，人們紛紛用細柳枝編成柳冠、柳圈、柳球或者柳枝戴在頭上，長沙一帶稱作「記年華」。當時有民諺說：「清明不戴柳，紅顏成皓（一作白）首。」[044]清代的杭州，每逢清明，滿街都是賣柳條的。楊韞華〈山塘棹歌〉描繪說：

> 清明一霎又今朝，聽得沿街賣柳條。
> 相約比鄰諸姊妹，一枝斜插綠雲翹。

（二）盪鞦韆

鞦韆起源於春秋齊桓公，漢代仍流傳於宮中。〈古今藝術圖〉[045]講：「寒食鞦韆，本北方山戎之戲，以習輕趫（ㄑㄧㄠˊ）者也。」齊桓公伐山戎，傳入中國。宋人高承《事物紀原》講，鞦韆是漢武帝時的後宮之戲，本為千秋，後倒語為「鞦韆」。

---

[044] 《古今圖書整合·歲功典·清明部》引《西湖遊覽志餘·熙朝樂事》、《直隸志書》，北京：中華書局，成都：巴蜀書社，1985年版。

[045] 《太平御覽》卷三〇〈時序部一五·寒食〉引，北京：中華書局，1960年影印版。

　　南北朝時，鞦韆傳到民間。南朝宗懍（ㄌㄧㄣ ˇ）的
《荊楚歲時記》載：「春時懸長繩於高木，士女衣彩服坐於
其上而推引之，名曰打鞦韆。」

　　唐代清明，打鞦韆十分盛行。《開元天寶遺事》載，每到
清明，唐宮中都要豎鞦韆。唐玄宗看見那些體態輕盈的宮女凌
空飛舞，呼之為「半仙之戲」。杜甫〈清明二首〉稱：「萬里
鞦韆習俗同。」唐詩人韋莊生動地描寫了清明打鞦韆的情景：

　　　　滿街楊柳綠似煙，畫出清明三月天。

　　　　好似隔簾紅杏裡，女郎撩亂送鞦韆。

楊柳蕩千
選自清陳枚繪《月曼清遊圖冊》

隋唐時期，鞦韆主要流行於北方，南宋時傳到江南，明朝蔚成風俗。明人王問〈鞦韆行顧園作〉云：

> 此戲曾看北地多，三三五五聚村娥。
>
> ⋯⋯
>
> 今日江南初見此，麗人如花映瑤水。

說到打鞦韆，山東壽光、濰縣的巨型人力「轉鞦韆」，無論是鞦韆的規格，還是打鞦韆的技藝，都讓人驚嘆不已。嘉慶五年《壽光縣志》載：

> 人家植雙木於院落，繫繩板為鞦韆，唐人所謂「半仙之戲」也。又或於市町廣場豎巨木高數丈，縛車輪於木杪（ㄇㄧㄠˇ），而垂屈板於週遭，有多至三十二索者，橫巨木於下，而以人力推轉，婦女靚妝盤旋空中，飛紅揚紫，翩若舞蝶。千百為群，蹴塵競赴，大抵皆齊民中下之家也。

這種人力轉輪鞦韆，同時可坐上數十百人凌空飛舞，場面十分壯觀，應是現代摩天輪的前身，反映了古代機械製造方面的高超技藝和驚人的創造力。西元 1941 年《濰坊志稿》[046] 又載：

---

[046] 《壽光縣志》、《濰坊志稿》，均為丁世良、趙放主編：《中國地方志民俗資料彙編》華東卷上引，北京：書目文獻出版社，1995 年版，第 195-196、209 頁。

鞦韆之在人家庭院者悉屬舊式，唯城外白浪河邊沙灘上坎地豎一木柱，上綴橫梁，四面繩系畫板，謂之「轉鞦韆」。小家女子多著新衣圍坐畫板上，柱下圍一木柵，內有人推柱使轉，節之以鑼。當鑼聲急時，推走如飛，畫板可篩出丈餘。看似危險，而小女子則得意自若也。又於鞦韆柱上頂懸一小旗，並繫以錢，則有多數勇健少年猱（ㄋㄠˊ）升而上，作猴兒坐殿、鴨鴨浮水、童子拜觀音種種把戲，謂之「打故事」。捷足者得拔旗，攜錢以歸。觀者乃誇讚，呵好不絕。此蓋多年積習，至今未改。

濰縣的「轉鞦韆」亦獨具特色。小女子敢在高空旋轉如飛，且「得意自若」，必定是從小打鞦韆鍛鍊出來的膽量。那些攀升鞦韆的勇健少年，已接近專業打鞦韆的雜技水準了。

濰縣轉秋千

（三）蹴鞠和馬球

蹴（ㄘㄨˋ），亦作蹵、蹋。蹴鞠即中國古代的足球。
西漢劉向《別錄》[047] 講：「寒食蹴鞠，黃帝所造，本兵勢
也。或云起於戰國。按鞠與毬同，古人踏鞠以為戲。」西漢
驃騎將軍霍去病帶兵擊匈奴，在塞外「穿域蹋鞠」[048]。唐
司馬貞索隱曰：「今之鞠戲，以皮為之，中實以毛。」由此
可知，漢代蹴鞠是一項以踢球為內容的軍事體育活動。「穿
域」即造場地。球以皮製作，裡面塞上毛，所以古代的球寫
作「毬」。由上述劉向《別錄》的「寒食蹴鞠」可知，漢代
民間過寒食也有這項活動。

唐代，蹴鞠成為清明節舉行的一項娛樂活動。球的製作
工藝改進了。外層為八片皮革縫成，內用動物膀胱作球膽充
氣，既結實又有彈性。可以集體競賽，也可兩人對踢。唐人
仲無顏在〈氣毬賦〉中寫道：「寒食景妍，交爭競逐，馳突
喧鬧，或略地丸走，乍凌空似月圓。」兩人對踢，以踢的花
樣和次數來定勝負，稱作「白打」。軍隊也以此習武娛樂。
唐詩人韋應物〈寒食後北樓作〉詩：「遙聞擊鼓聲，蹴鞠軍
中樂。」

唐宋時代的清明節，還盛行打馬球，稱作「擊鞠」、

---

[047]　《太平御覽》卷三〇〈時序部一五・寒食〉引，北京：中華書局，1960 年影
　　　　印版。
[048]　《史記・衛將軍驃騎列傳》，北京：中華書局，1959 年版。

擊球、打球。馬球類似足球，在球場立一球門，球放在場中，參賽者騎馬手執一頭彎曲的球杖，以先將球擊過球門者獲勝。

宋太祖蹴鞠圖

唐朝皇帝太宗、玄宗、宣宗、僖宗，都是球藝精湛的高手。唐僖宗曾對優人石野豬說：「朕若應擊球進士舉，須為狀元。」廣明元年（西元 880 年）三月，宦官田令孜奏請以陳敬瑄等四人鎮三川。僖宗荒唐地命四人「擊球賭三川」。結果，陳敬瑄得第一，任西川節度使，楊師立為東川節度使，牛勗（ㄒㄩˋ）為山南西道節度使。

《資治通鑑・後梁紀・太祖開平元年》載，淮南節度使楊渥，「然（燃）十圍之燭以擊球，一燭費錢數萬」。其奢靡且不論，以蠟燭照明，夜間打球，是中國最早的燈光球場。

（四）拔河

拔河的風俗源起先秦。《墨子·魯問》載：「公輸子（魯班）自魯南遊楚焉，始為舟戰之器，作為鉤強之備。退者鉤之，進者強（拒）之。」可知，春秋魯班最初設計的是一種舟戰之器，其中鉤住、拉住對方後退戰船的方法，演變為後來的拔河。《隋書·地理志》記載，南郡、襄陽「有牽鉤之戲，云從講武所出，楚將伐吳，以為教戰，流遷不改，習以相傳。鉤初發動，皆有鼓節，群噪歌謠，震驚遠近，俗云以此厭勝，用致豐穰。其事亦傳於它郡」。

南北朝時，這種牽鉤之戲盛行於南方。南朝梁宗懍《荊楚歲時記》載：「施鉤之戲以緪作篾相胃（ㄐㄩㄢˋ），綿互數里，鳴鼓牽之。」

南朝仍把它作為一項軍事體育活動，並在軍事上用來對付敵人的鉤車。南朝宋元嘉二十八年（西元 451 年），北魏太武帝猛攻盱眙（今屬江蘇省），「以鉤車鉤垣樓，城內繫以彄絙（ㄎㄡ ㄍㄥ），數百人叫喚引之，車不能退」[049]。

唐朝，牽鉤之戲發展為拔河比賽，並放在春天二、三月舉行，清明節達到高潮。當時，不僅名稱和現在相同，比賽規則也基本一致。唐人封演《封氏聞見記》載：「古用篾纜，今民則以大麻絙，長四五十丈，兩頭分繫小索數百條持

---

[049] 《宋書·臧質傳》，北京：中華書局，1974 年版。

於前,分二朋,兩勾齊挽。當大絚之中,立大旗為界,震鼓叫噪,使相牽引,以卻者為輸,名曰拔河。」

《資治通鑑・睿宗景雲元年》載,唐中宗「命文武三品以上拋球及分朋拔河。韋巨源、唐休璟衰老,隨絚踣（ㄅ
ㄛˊ）地,久之不能興」,惹得唐中宗、後妃、公主等仰面大笑。

（五）放風箏

風箏在中國有悠久的歷史。《墨子・魯問》載:「公輸子（魯班）削竹木以為鵲,成而飛之,三日不下。」後來,人們又以紙製作,稱作「紙鳶」。五代時,又在紙鳶上裝竹哨,風吹哨響,聲如箏鳴,故稱「風箏」,南方則稱「鷂子」、「紙鷂」。宋人高承《事物紀原》載:「紙鳶俗稱風箏。」從宋代開始,放風箏的習俗盛行民間。由於春季多風且暖,多在清明前後進行。宋伯仁在〈紙鷂〉詩中寫道:

> 弄假如真舞碧空,吹噓全在一絲風。
> 唯漸尺五天將近,猶在兒童掌握中。

賣風箏
選自《清國京城市景風俗圖》

蝙蝠風箏
選自《升平樂事圖冊》
清宮繪本

明清時期，清明放風箏的風俗遍及全國各地。明人徐渭寫〈風鳶圖〉十首，其中一首寫道：

江南江北紙鷂齊，線長線短迥高低。

春風自古無憑據，一任騎牛弄笛兒。

十美放風箏
清代年畫

由於風箏能隨風飄揚到很高很遠的地方，古代人很早就將其運用到軍事上。《新唐書·田悅傳》載，藩鎮田悅的軍隊進攻臨洺（在今河北永年），守將張伾力戰糧盡，以紙為風鳶，高百餘丈，越過敵營，將求救信送到朝廷軍營。南宋楊萬里《誠齋雜記》還記載，西漢韓信放紙鳶來測量到未央宮的距離，欲穿道地入宮中。這當然是後人的附會，不過其中隱寓的勾股定理，西漢時期的數學家確已創造出來了。

另外，清明節還盛行踏青春遊風俗。

　　總之，從唐朝開始，清明節已從瘟疫、邪災、火禁的恐怖中解放出來，介子推的情感也不再被理會。隨著春回大地，萬物更新，人們盡情地沐浴這風和日麗的春光，到處呈現出輕鬆歡快的生活氣息。只是由於中國人祖先崇拜和宗法觀念的濃重，唯一沒有忘記的是到父母先人的墳墓上燒香拜土，在歡樂的氣氛中保留了一份莊嚴肅穆的情感。

● 第五節
端午節

　　端午節在夏曆五月五日，又稱端五、重午、端陽。它的形成是各地風俗互相融合的產物，現在仍有不同的地區特色。一般說來，北方起自五月是惡月，端午是驅邪避惡之日；南方起自越民族的龍圖騰祭祀和龍舟競渡。

一、惡月惡日的恐怖

　　至遲到戰國時期，北方已把五月五日視為惡月惡日了。《史記·孟嘗君列傳》載，孟嘗君田文於五月五日生，其父田嬰告誡孟嘗君母說：「勿舉也」，孟嘗君母偷偷把他養活下來。待田嬰發現，孟嘗君已經長大了，田嬰對孟嘗君母大發雷霆說，「五月子者，長與戶齊，將不利其父母」。孟嘗君據理力爭，這才活了下來。

　　兩漢時期的人認為，不僅五月子不吉利，整個五月都萬事不利。《風俗通·佚文·釋忌》云：「俗說五月五日生子，男害父，女害母。」、「俗云五月到官，至免不遷。」《論衡·四諱》講：「諱舉正月、五月子。」這些觀念，不僅使古人處在惡月惡日的恐怖中，而且使生在該日的嬰兒慘遭遺棄，有幸活下來的也時刻有一種不祥的感覺。

　　《西京雜記》載，王鳳五月五日生，其父欲不舉，其叔父曰：「昔田嬰敕其母勿舉田文，文後為孟嘗君，以古事推之，非不祥。」父親才把王鳳養了下來。《世說》[050] 載，東漢「胡廣本姓黃，五月五日生，父母惡之，置甕中投於江。胡翁聞甕中有兒啼，往取之，養為子，遂七登三司。」東晉末王鎮惡五月五日生，家人以俗忌欲出繼疏族，祖父王猛將他留了下來，名之為「鎮惡」。宋徽宗五月五日生，因俗忌改為十月十日，並稱為「天寧節」。

　　從這些事例可以看出，古人本身就對五月子不祥表示懷疑，只是由於俗忌才不得已而為之。其實，視五月為惡月也有一定的道理。五月已進入夏季，蛇、蠍、蜈蚣、蜂、蜮五毒蟲 [051] 和蚊、蠅等毒蟲都進入旺季，人們受傷後的傷口也容易發炎。由於它給人們帶來的種種不幸，所以將其視為惡

---

[050]　《西京雜記》、《世說》，均為《太平御覽》卷三一〈時序部一六·五月五日〉引，北京：中華書局，1960 年影印版。

[051]　舊時指蛇、蠍、蜈蚣、壁虎、蟾蜍為五毒，此據《言鯖·穀雨五毒》。

月。古人開始以感性的、質樸的認知來改造自然,頑強地生存。於是,又產生了五月端午的種種風俗。

二、天師符、五時圖、五色絲、艾草、菖蒲酒、石榴花、雄黃

從漢代開始,人們在端午日掛青、紅、黃、白、黑五種顏色寫的桃木板,叫「朱索五色印」、桃印,用來止惡氣。道教產生後,又演變為貼天師符,用來鎮惡。《後漢書・禮儀志中》載:「五月五日,朱索五色印為門戶飾,以難止惡氣」。五色印又稱桃印,是以五色書文的桃木板。道教產生後,桃印又演變為天師符,用來鎮惡。北齊魏收〈五日〉詩:「鬭兵書鬼字,神印題靈文。」

唐人段成式《酉陽雜俎》卷一〈禮異〉載,北朝婦人「五月進五時圖、五時花,施帳之上」。所謂「五時圖」,是在紙上畫蛇、蠍、蟾蜍、壁虎、蜈蚣等五毒蟲,也稱「五毒符」。據說這五種毒蟲互為天敵,蜈蚣克蛇,蛇克蟾蜍,蟾蜍克壁虎,壁虎克蠍子,蠍子克蜈蚣。當它們同時存在時,誰也不敢互鬥,只好和平共處。將五時圖掛在床帳上,無論哪一種毒蟲,都能從圖中看到自己的天敵,就不敢叮咬人了。後來又把五毒蟲繡到小孩肚兜上,用來驅毒蟲。

《風俗通》[052] 載：「五月五日以五彩絲繫臂者，闢兵及鬼，令人不病瘟。」又曰：「亦因屈原，一名長命縷，一名續命縷，一名避兵繒，一名五色縷，一名朱索。」又曰，五色繒「青、赤、白、黑以為四方，黃為中央」。即漢代以青、赤、黃、白、黑等色合成的五色絲繫於手臂，又稱作「百索」，可以避兵、驅瘟、除邪、止惡氣。

隋唐以後，朝廷過端午時，皇帝和文武百官往往互相贈送五色絲。唐人竇叔向〈端午日恩賜百索〉詩：「仙宮長命縷，端午降殊私。事盛蛟龍見，恩深犬馬知。」宋朝端午，則由文武百官向皇帝獻朱絲。章得像〈端午閣貼子〉云：「清曉會披香，朱絲續命長。一絲增一歲，萬縷獻君王。」遼朝時，君臣在端午宴會上共系五彩絲，謂之「合歡結」。

可見，隋唐以後的五色絲已由避鬼除邪而演變為長壽歡樂之義了。

〈夏小正〉載，五月「蓄藥，以蠲除毒氣也」。《大戴禮記》[053] 稱：「五月五日蓄蘭為沐。」蘭是蘭草，即香草，可供藥用。屈原〈離騷〉講：「紉秋蘭以為佩。」古代人佩蘭、以蘭草水沐浴，都是為了清毒祛毒。

---

[052] 《太平御覽》卷三一〈時序部一六·五月五日〉引，北京：中華書局，1960年影印版。

[053] 《太平御覽》卷三一〈時序部一六·五月五日〉引，北京：中華書局，1960年影印版。

南北朝時，又出現了在門口掛艾人禳毒的風俗。《荊楚歲時記》[054]云，五月五日，「將艾以為人，懸門戶上以禳毒氣」。有的將艾草做成虎形，稱作艾虎，戴在頭上。明彭大翼《山堂肆考·宮集》載：「端午以艾為虎形，或剪彩為虎，黏艾葉以戴之。」陳元靚《歲時廣記》卷二十一載王沂公〈端午貼子〉云：「釵頭艾虎闢群邪，曉駕祥雲七寶車。」南宋陸游〈重午〉詩：「世間各自有時節，蕭艾著冠稱道陵。」

艾草有香味，晒乾後燃燒，可驅蚊蠅，也可灸治傷病，所以端午節最受人們重視。

唐朝又形成端午飲菖蒲酒的風俗。菖蒲是水生植物，可入藥。最初飲菖蒲酒也是為了預防五毒叮咬和外傷發炎，後轉化為和平長壽之意。唐人殷堯藩〈端午日〉詩：「少年佳節倍多情，老去誰知感慨生。不效艾符趨習俗，但祈蒲酒話昇平。」宋人無名氏〈夫人閣端午貼子詞〉云：「共薦菖蒲酒，君王壽萬春。」[055]

宋代端午始戴石榴花。上述陸游〈重午〉詩：「葉底榴花蹙絳繒。」無名氏〈重五〉詩亦有「重五山村好榴花」的詩句。到了明朝，又將端午稱作「女兒節」，小閨女端午簪

---

[054] 《太平御覽》卷三一〈時序部一六·五月五日〉引，北京：中華書局，1960年影印版。

[055] 《古今圖書整合·歲功典·端午部》引，北京：中華書局，成都：巴蜀書社，1985年版。

以榴花蔚成風俗。除艾草、菖蒲酒外，明朝又出現用雄黃塗耳鼻的習俗。《直隸志書》載：「五月五日，家懸五雷符，插門以艾，幼兒佩紙符簪榴花，日『女兒節』。是日午，具角黍漬菖蒲酒，闔家飲食之。以雄黃塗耳鼻，取避蟲毒之義也。」[056] 雄黃是一種礦物，俗稱雞冠石，具有解蟲蛇毒、燥溼、袪痰的功能。每逢端午，人們把房子打掃乾淨，灑上雄黃水，以殺死或防止毒蟲。

由以雄黃塗耳鼻的習俗，又發展為端午喝雄黃酒。中國民間有「喝了雄黃酒，百病都遠走」的諺語。傳統戲曲《白蛇傳》中，白素貞飲雄黃酒現原形的情節，即取材於這一傳說。

用艾草、菖蒲、雄黃等草藥驅毒袪瘟，本是古代中醫的職責。所以，五月端午還是古代醫學家採藥製藥的日子。除上述〈夏小正〉「蓄藥以蠲除毒氣」的記載外，《齊民要術》、《農政全書》、《本草綱目》等，都有端午採藥、合藥、製藥的記載。因此，端午還應視為中國古代的製藥日。

有的達官顯貴深怕草藥、天師符鎮不住邪氣，還要請道士一類的術士來家驅邪。宋人戴復古〈揚州端午呈趙帥〉寫道：

> 榴花角黍鬥時新，今日誰家不酒樽。
>
> 堪笑江湖阻風客，卻隨蒿艾上朱門。

---

[056] 《古今圖書整合·歲功典·端午部》引，北京：中華書局，成都：巴蜀書社，1985年版。

三、龍舟競渡和伍子胥、曹娥、屈原

在北方度惡月惡日的同時，南方正進行著激烈的龍舟競渡活動。

南方越族以龍為圖騰，在先秦時期就有祭祀龍的節日，龍舟競渡是其活動之一。《事物原始》引《越地傳》云：「競渡之事起於越王勾踐，今龍舟是也。」1935 年在河南汲縣戰國墓出土的鑑，1965 年四川成都出土的銅壺上，都有競龍舟的圖案。說明戰國時期就有龍舟競渡風俗，而且不僅僅局限於吳越地區。

從漢到南北朝，中國的節日開始賦予紀念意義和人文化的傾向。由於五月五日是惡月惡日，許多著名歷史人物放在此日死去，正符合當時的觀念。

至於五月端午紀念的歷史人物，因地區而各不相同。

今山西一帶紀念介子推，但與競渡無關。南方吳越之俗，是紀念伍子胥和曹娥。據南宋吳自牧《夢粱錄》卷九〈浙江〉載，伍子胥自殺後，被吳王夫差以鴟夷之革裹著扔進錢塘江，化為波神。《史記·伍子胥列傳》也載，伍子胥死後，夫差以「鴟夷革」盛屍，浮之江中。吳人為他立祠於江邊，命曰胥山。每年五月五日，當地人都要泛舟江上，以迎波神。《曹娥碑》載：「五月五日，以迎伍君。」

曹娥是東漢會稽人。《會稽典錄》[057] 載，曹娥之父「絃歌而為巫」，五月五日溯濤迎波神而溺死。曹娥年方 14 歲，尋找父屍，投江而死，與父屍一起浮出江面。當地人以其孝女，為其立碑。

每到陰曆五月五日，當地為紀念曹娥，在龍舟上為其塑像，劃龍舟競渡。

賽龍舟紀念屈原的說法，流行於荊楚地區。

南朝梁宗懍的《荊楚歲時記》做了較為全面的說明：「五月五日競渡俗，為屈原投汨羅日，傷其死，故並命舟楫以拯之。舸舟取其輕利，謂之飛鳧……邯鄲淳曹娥碑云，五月五日時迎伍君，逆濤而上，為水所淹，事又東吳之俗，事在子胥，不關屈平（原）也。《越地傳》云，起於越王勾踐，不可詳也。」

總之，在南北朝以前，五月端午各自紀念本地的歷史人物。隋唐統一後，經過各地風俗的滲透、匯融和人民的普遍篩選，具有愛國主義精神的屈原擊敗了其他對手，龍舟競渡紀念屈原的說法，得到人們的普遍認同。

唐朝編撰的《隋書·地理志下》載：「屈原以五月望日赴汨羅，土人追至洞庭不見，湖大船小，莫得濟者。乃歌曰

---

[057] 《太平御覽》卷三一〈時序部一六·五月五日〉引，北京：中華書局，1960年影印版。

『何由得渡！』因爾鼓棹爭歸，競會亭上，習以相傳，為競渡之戲。」

《松江府志》[058] 記載，徐守齋 11 歲時，偷偷從家裡跑出去觀競渡，其父懲罰他說：「汝能作一詩，當貰汝。」守齋應聲而作：

> 艾虎懸門日，龍舟競渡時。
> 屈原遺恨在，千載楚人思。

松江府在今上海市吳淞江以南地區，舊屬吳地，競渡應紀念伍子胥或者曹娥，至此也變成屈原了。

四、角黍

角黍俗稱粽子，是南北方普遍食用的端午節日食品。

西晉時的五月五日就吃粽子了，當時一名曰「粽」，一名曰「角黍」。西晉周處《風土記》[059] 載：「俗以菰葉裹黍米，以純濃灰汁煮之，令爛熟，於五月五日及夏至啖之。一名粽，一名角黍。蓋取陰陽尚相裹，未分散之時像也。」自

---

[058] 《古今圖書整合·歲功典·端午部》引，北京：中華書局，成都：巴蜀書社，1985 年版。

[059] 《太平御覽》卷八五一〈飲食部九·粽〉引，北京：中華書局，1960 年影印版。

五月端午紀念屈原的說法產生後，逐漸與屈原聯繫在一起了。南朝梁吳均《續齊諧記》[060] 載：

> 漢建武（西元 25 — 56 年）中，長沙區迴白日忽見士人，自稱三閭大夫，謂迴曰：「君常見祭，甚善，但常年所遺，俱為蛟龍所竊，今若惠，可以練（楝）樹葉塞其上，以彩絲纏縛之，此二物蛟龍所憚也。」迴謹依旨。今世人五日作粽，並帶練（楝）葉及五色絲，皆汨羅之遺風。

以竹筒貯米，是最早的筒粽。從南北朝開始，粽子不僅和屈原聯繫起來，而且以楝葉包裹，繫以五彩絲了。

隋唐以後的粽子，形制和花樣不斷增多。有百索粽、九子粽、角粽、錐粽、茭粽、筒粽、秤錘粽等等。粽內不僅包裹棗、栗、糖果等，皇宮內的粽子還包楊梅。宋人無名氏詩：「不獨盤中見盧桔，時於粽裡得楊梅。」[061] 貧民之家過端午，也要吃粽子，陸游〈端午〉詩：「貧家猶裹粽，隨時答年光。」每到端午，人們將自己製作的粽子互相餽贈、品嘗，已不再扔到江裡供饗屈原了。

---

[060] 《太平御覽》卷八五一〈飲食部九·粽〉引，北京：中華書局，1960 年影印版。

[061] 《古今圖書整合·歲功典·端午部》引，北京：中華書局，成都：巴蜀書社，1985 年版。

〈賜梟羹〉

題：『漢令郡國貢梟為羹賜官以惡鳥，故食之。』

〈繫采絲〉

題：『繫采絲，以五色絲繫臂，謂之長命縷。』

〈養鸜鵒〉

題：『取鸜鵒兒毛羽新成者去舌尖，養之皆善語。』

〈觀競渡〉

題：『觀競渡，聚眾臨流稱為龍舟勝會。』

〈射粉團〉

題：『唐宮中造粉團角黍飣盤中，以小弓射之，中者得食。』

〈懸艾人〉

題：『荊楚風俗以艾為人懸門戶上，以禳毒氣。』

〈採藥草〉

題：『五日午時蓄採眾藥治病，最效驗。』

〈裹角黍〉

題：『以菰葉裹黏米為角黍取陰陽包裹之義，以贊時也。』

清代徐揚繪《端陽故事圖冊》圖冊分別描繪了端陽節期間的民俗活動

● 第六節
七夕節

　　七夕節在夏曆七月七日夜，它與中國古代一個美麗的愛情神話聯繫在一起。

一、牽牛星和織女星的傳說

　　西周時期，人們就意識到了牽牛星和織女星。《詩・小雅・大東》云：「跂（ㄑㄧˊ）彼織女。」、「睆（ㄏㄨㄢˇ）彼牽牛。」當時，她們雖沒有愛情糾葛，但在先秦的占星術中已被人格化了。《史記・天官書》云：「牽牛為犧牲……其北織女。」張守節正義曰：「（牽牛星）不明、不通，天下牛疫死。」、「織女三星……主果蓏（ㄌㄨㄛˇ）、絲帛、珍寶。占：王者至孝於神明，則三星俱明；不然，則暗而微，天下女工廢；明則理。大星怒而角，布帛湧貴；不見，則兵起。」

到了漢代，人們開始給牽牛、織女聯姻。漢代的〈古詩十九首〉描繪說：

> 迢迢牽牛星，皎皎河漢女。
>
> 纖纖擢素手，札札弄機杼。
>
> 終日不成章，泣涕零如雨。
>
> 河漢清且淺，相去復幾許。
>
> 盈盈一水間，脈脈不得語。

東漢應劭《風俗通‧佚文‧陰教》載：「織女七夕當渡河，使鵲為橋。」應劭算是為古代的自由婚姻搭了鵲橋，後來追求婚姻自由的人們，應該向他致以崇高的謝意。

直到南北朝，牽牛和織女才正式結婚，但她們的婚姻很不美滿。據《月令廣義‧七月令》引南朝梁殷藝《小說》載，織女是天帝孫女，年年在機杼上紡織，天帝見她可憐，將她嫁給天河西邊的牛郎。但織女結婚後，竟變成一個貪歡戀愛的懶女子，不再紡織了。天帝大怒，責令她回到河東，一年只允許和牛郎見一面。南朝梁吳均《續齊諧記》也載，七月七日織女渡河，「世人至今云織女嫁牽牛也」。道教的玉皇大帝和王母娘娘形成後，民間按照自己的喜好進行改造，逐漸演變為現在的傳說。

二、乞巧與看牛女相會

據《物原》[062] 記載，戰國「楚懷王初置七夕」。從牽牛、織女故事的演變來看，七夕節正式形成於漢代。七夕節的主要風俗活動是乞巧和看牛郎織女相會，漢代都已產生了。

乞巧，即乞求做針線紡織的技巧。《西京雜記》[063] 載：「漢彩女常以七月七日穿針於開襟樓，俱以習俗也。」漢高祖劉邦戚夫人的侍兒賈佩蘭云：「在宮時，見戚夫人侍高祖，至七月七日，於臨百子池，作于闐樂，畢以五色縷相羈，謂為『連愛』。」漢文帝「竇后少小頭禿，不為家人所齒，七夕人皆看織女，獨不許後出」。這些已是七夕乞巧，看牛郎織女相會的萌芽。

牛郎織女的婚姻悲劇發生後，把織女說成一個貪戀情愛的懶女人，不符合人民的意願。於是，民間又把乞巧和織女附會在一起，把她塑造成一個心靈手巧的勤勞婦女的形象。《荊楚歲時記》[064] 載：「七夕婦人結彩縷，穿七孔針，或以金銀、鍮（ㄊㄡ）石為針，陳瓜果於庭中以乞巧。」

---

[062]　《古今圖書整合·歲功典·七夕部》引，北京：中華書局，成都：巴蜀書社，1985 年版。

[063]　《太平御覽》卷三一〈時序部一六·七月七日〉引，北京：中華書局，1960年影印版。

[064]　《太平御覽》卷三一〈時序部一六·七月七日〉引，北京：中華書局，1960年影印版。

由於乞巧與中國「重農貴織」的農業自然經濟相吻合，因而特別受到重視。《輿地志》[065]載，南朝「齊武帝起層城觀，七月七日宮人多登之穿針，世謂之穿針樓」。唐朝織染署將七月七日定為祭杼日[066]。《開元天寶遺事》載，唐玄宗專門修了一座乞巧樓，他與楊貴妃對天盟誓的豔事就發生在乞巧節。民間婦女更需向織女乞巧。唐人崔顥〈七夕〉詩載：「長安城中月如練，家家此夜持針線。」唐代神童林傑六歲時即賦乞巧詩：

七月乞巧
選自《雍正十二月行樂圖》

七夕今宵看碧霄，牛郎織女渡河橋。

家家乞巧望秋月，穿盡紅絲幾萬條。

[065]　《太平御覽》卷三一〈時序部一六・七月七日〉引，北京：中華書局，1960年影印版。

[066]　《新唐書・百官志》，北京：中華書局，1975年版。

明代張靈繪〈織女圖〉

七月桐蔭乞巧
選自清陳枚繪《月曼清遊圖冊》

從唐朝到明清,每逢七夕,「宮廷宰輔、士庶之家,咸作大棚,張掛七夕牽牛織女圖,盛陳瓜果酒餅、蔬菜、肉脯,邀請女流作巧姐會,稱曰『女孩節』」[067]。《直隸志書》載,河北婦女,削瓜芽如花瓣,放上針,置盤中乞巧。《山西志書》載,山西七夕生麥豆芽,稱作「巧芽」,以麥豆芽尖「漂針試巧」。《江南志書》載,江蘇武進一帶以鳳仙花染指甲乞巧。也有的向織女乞豐收,乞米價,乞美容等。有的

---

[067]　丁世良、趙放主編:《中國地方志民俗資料彙編》華北卷引《析津志》,北京:書目文獻出版社,1995 年版,第 5 頁。

105

人十分體諒此刻織女的心情，主張不要去打擾她。一位不知名的詩人在〈七夕〉[068]詩中寫道：

> 月帳星房次第開，兩情唯恐曙光催。
> 時人不用穿針待，沒得心思送巧來。

牽牛、織女一年只能在七夕相會一次，還要由喜鵲搭橋。古人對此寄予了無限的同情和遺憾。千百年來，儘管從未看到牽牛星和織女星在銀河上相會，還是以極大的耐心和企盼，每逢七夕觀看不輟。宋代詞人秦觀七夕觀看牛女相會，寫下了〈鵲橋仙〉，抒發了二人不能相會的感慨：

> 柔情似水，佳期如夢，忍顧鵲橋歸路。
> 兩情若是久長時，又豈在朝朝暮暮。

宋人陳三聘觀看牛女相會，在〈南歌子〉中對牛女相思寄予了極大的同情：

> 舊怨垂千古，新歡只片時。
> 一年屈指數佳期，到得佳期別了，又相思。

---

[068] 此段文獻均為《古今圖書整合·歲功典·七夕部》引，北京：中華書局，成都：巴蜀書社，1985年版。

　　牛郎織女和中國老百姓的情感更為親近。每逢七夕，家家陳瓜果酒餚，一邊眺望清澈的銀河，一邊談論牛郎織女的傳說。據《山東志書》載，七夕前後下雨是織女淚。七月七日，人間無喜鵲，喜鵲都到天上為織女架橋去了。七月八日，喜鵲回來，但鵲尾皆禿。山東禹城一帶的牧童，還在七月七日採野花插在牛角上，謂之「賀牛生日」。

三、曝衣晒書

　　夏曆七月已進入秋季，經過雨季的潮溼，氣溫漸趨乾燥，正是需要曝晒衣物的季節。曝衣晒書的風俗，也是隨著季節的變化而產生的。

　　曝衣晒書之俗起於漢代。宋卜子《楊園苑疏》載，西漢建章宮北有太液池，池西有曝衣閣，「常至七月七日，宮女登樓曝衣」。東漢崔寔《四民月令》[069] 載：「七月七日作曲合藍丸及蜀漆丸，暴經書及衣裳，不蠹。」以發酵的曲合藍丸、蜀漆丸來防止經書、衣裳不被蟲蠹，這是中國最早的有關衛生球的記載。

　　魏晉南北朝時，曝衣晒書的風俗廣泛流行，甚至形成以此誇富鬥奢，炫耀知識淵博的陋習。

---

[069]　《古今圖書整合·歲功典·七夕部》引，北京：中華書局，成都：巴蜀書社，1985 年版。

據王隱《晉書》記載，司馬懿不願做曹操的官，推託有風病。曹操派人檢視，正巧碰見司馬懿七月七日曝書。曹操大怒，司馬懿不得已而應命。

《晉書·阮咸傳》載，西晉阮咸蔑視禮法，放蕩不羈。道北諸阮七月七日盛晒衣服，皆錦綺，光彩奪目。阮咸家貧，住在道南，以竹竿挑大布犢鼻（短褲頭）晾晒，說：「未能免俗，聊復爾耳。」

《世說新語·排調》載：「郝隆七月七日出日中仰臥，人問其故，答曰『我晒書』。」由於七月七日人家皆晒書，郝隆無書可晒，故到日下晒肚皮，以表示在晒腹中書。

唐代亦流行曝衣之俗。唐詩人沈佺期〈七夕曝衣篇〉，借曝衣揭露了唐宮的奢侈：

> 宮中擾擾曝衣樓，天上娥娥紅粉席。
>
> 曝衣何許曛半黃，宮中彩女提玉箱。

唐朝以後，七夕曝衣晒書之俗仍在某些地方流行。《直隸志書》載，河北內丘縣七夕「暴衣書不知乞巧」。《江南志書》[070] 載，江蘇建平一帶「七夕日中曝書闢蠹」。《廣東志

---

[070] 《江南志書》、《廣東志書》，均為《古今圖書整合·歲功典·七夕部》引，北京：中華書局，成都：巴蜀書社，1985 年版。

書》載，廣東高明縣（在今佛山市高明區）「取海水浸物不壞」。河北河間一帶「七夕乞巧浣衣」。許多地區都流傳「七月七，晒棉衣」的諺語。

● 第七節
中秋節

　　古代人民不僅透過觀星象了解牽牛星、織女星，想像出美妙的故事，而且還認識和描繪月亮，以觀月、賞月為主要活動的中秋節，就是由對月亮的崇拜和遐思，而成為傳統節日的。

　　中秋一詞，最早見於《周禮‧夏官司馬‧大司馬》：「中秋，教治兵。」

　　現在也有的寫作「仲秋節」，嚴格地說應為「中秋節」。因為「仲秋」所表示的時間概念是秋天中間的整整一個月。《古今圖書整合》用「仲秋部」記載整個的陰曆八月，用「中秋部」記載八月十五中秋節這一天。對此，明人徐炬《事物原始》引唐詩人歐陽詹〈玩月〉序云：「秋之於時，後夏先冬；八月於秋，季始孟終。十五於夜，又月之中。稽

於天道，則寒暑均；取諸月數，則蟾兔圓，故日『中秋』。言此日為三秋之中也，又謂之月夕。」

一、中秋節的起源

中秋節是由天子夕月、秋社、賞月以及月宮的傳說等多種風俗事項匯合而成的，它起源於先秦，最後定型於唐朝。

夕月即古代天子秋分祭祀月亮。《周禮・春官宗伯・典瑞》鄭玄注：「天子常春分朝日，秋分夕月。」《史記・孝武本紀》裴駰集解引應劭語日：「天子春朝日，秋夕月，拜日東門外。朝日以朝，夕月以夕。」現在北京的月壇，原名夕月壇，就是明清皇帝秋分祭月的場所。

由於秋分的晚上不一定有月亮，有月亮也不一定圓，未免大煞風景，於是民間漸漸把秋分祭月放到中秋了。

八月中秋正是收穫季節，古人要舉行祭祀土神的儀式，叫做「秋報」、「秋社」。《白虎通・社稷》載：「仲秋之月，擇元日，命民社。《援神契》日：『仲春祈谷，仲秋獲禾，報社祭稷。』」

夕月、秋社，可視為中秋節的淵源。

由於中秋的月亮特別皎潔晶瑩，從漢代開始，由祭月、禮月逐步形成賞月之風。漢代文學家枚乘有〈月賦〉，西晉陸機，南朝謝靈運、沈約、鮑照，北周王褒都有詠月、賞月

的詩賦，但並沒固定在八月十五日，所以並沒有形成節日。

如西晉陸機〈擬明月何皎皎〉詩：

> 安寢北堂上，明月入我牖。
> 照之有餘暉，攬之不盈手。

南朝宋鮑照〈玩月城西門廨中〉詩：

> 始見西南樓，纖纖如玉鈎。
> 末映東北墀，娟娟似蛾眉。
> 蛾眉蔽珠櫳，玉鈎隔瑣窗。
> 三五二八時，千里與君同。
> 夜移衡漢落，徘徊帷幌中。
> ⋯⋯

北周王褒〈關山月〉詩：

> 關山夜月明，愁色照孤城。半形同漢陣，全影逐胡兵。
> 天寒光轉白，風多暈欲生。寄言亭上吏，遊客解雞鳴。[071]

這些詩賦，都沒提到中秋月。

---

[071] 《太平御覽》卷四〈天部四・月〉引，北京：中華書局，1960 年影印版。

　　中秋賞月風俗的正式形成是在唐代。據《開元天寶遺事》載，八月十五日夜，唐玄宗備文酒之宴，與禁中直宿諸學士玩月。以後每年八月十五，都照例賞月。為了與楊貴妃一起望月，還敕令於太液池西岸築百丈高臺，因安史之亂爆發，沒有修成。自唐玄宗以後，中秋詠月詩大量出現了。如唐詩人白居易的〈八月十五日湓亭望月〉云：「西北望鄉何處是，東南見月幾回圓。」韋莊的〈送李秀才歸荊溪〉云：「八月中秋月正圓，送君吟上木蘭船。」司空圖〈中秋〉云：「此夜若無月，一年虛過秋。」北宋蘇東坡的〈水調歌頭〉云：「明月幾時有？把酒問青天。」都是中秋賞月的佳句。不僅文人學士賞月、詠月，平民百姓亦「千家看露溼，萬里覺天清」[072]。

　　宋代中秋節賞月的風俗十分盛行。《東京夢華錄》卷八〈中秋〉載：「中秋節前，諸店皆賣新酒，重新結絡門面、彩樓、花頭、畫竿、醉仙錦斾。市人爭飲至午未間……中秋夜，貴家結飾臺榭，民間爭占酒樓玩月……兒童連宵嬉戲，夜市駢闐，至於通曉。」

　　宋代以後的中秋賞月更加流行。宮中八月十五，「日供月

---

[072] （唐）張南史：〈和崔中丞中秋月〉，參見《古今圖書整合·歲功典·中秋部》引，北京：中華書局，成都：巴蜀書社，1985年版。

餅、瓜藕，候月上，焚香，即大肆飲啖，多競夕始散」[073]。民間則設瓜果酒饌，祭月燕飲。有的地區借月圓之意，稱作「團圓會」、「團圓節」、「圓月」等。北方許多地區還有「酬傭工」的風俗。家人和長工、短工一起飲酒賞月，酬謝他們一年的勞作。

由於中秋節賞月，元宵節放花燈，許多地區都發現，中秋節雲遮月，來年元宵節必下雨雪。安徽一帶民諺云：「雲暗中秋月，雨打上元燈。」[074] 山東一帶流傳「八月十五雲遮月，正月十五雪打燈」。

二、月宮的傳說

人們在夕月、賞月的同時，不斷演繹出種種月亮的傳說，主要有蟾蜍、嫦娥奔月、玉兔、桂樹、吳剛伐桂等等。

早在戰國以前，古人就傳說月中有蟾蜍。屈原〈天問〉云：「顧菟在腹。」聞一多先生在〈天問釋天〉中論證，顧菟即蟾蜍，故古代人稱月亮為「蟾宮」。

據說，中秋節蟾蜍吐出來的光輝能養育人間萬物。《臨溪時話》載，北宋宰相李迪八月十五日生，進士杜默寫〈中

---

[073] 《古今圖書整合‧歲功典‧中秋部》引《酌中志略》，北京：中華書局，成都：巴蜀書社，1985 年版。

[074] 《古今圖書整合‧歲功典‧中秋部》引《秦淮故事》，北京：中華書局，成都：巴蜀書社，1985 年版。

秋〉詩說：「蟾輝吐光育萬種，我公蟠屈為心胸。」[075] 李迪被人作詩稱頌是得蟾蜍精華而孕育，可見當時是非常光彩的事。蟾蜍吐的光輝還可以治病。北方許多縣志記載有「天灸」的風俗。中秋節前，採得蟾蜍光輝的百草露水研墨，用筷子點小兒額，可除百病。

到了漢代又增加了玉兔、桂樹、嫦娥。

東漢王充《論衡·說日》引儒者語曰：「日中有三足鳥，月中有兔、蟾蜍。」因此，「玉兔」、「白兔」成了月亮的代稱，「金烏」、「赤烏」成為太陽的別名。如白居易〈勸酒〉詩「白兔赤烏相趁走」，即月亮、太陽互相追趕，日月如梭之意。許仲琳《封神演義》第十二回：「烏飛兔走，瞬息光陰，暑往寒來，不覺七載。」

《太平御覽》卷九〇七〈獸部一九·兔〉引《博物誌》載「兔，望月而孕，兔吐子，舊有此說，余目所未見也。」北宋陳師道《後山談叢》[076] 亦云：「中秋無月則兔不孕，蚌不胎，蕎麥不實。兔望月而孕，蚌望月而胎，蕎麥得月而秀。世兔皆雌，唯月兔雄爾。故望月而孕。」

古人認為兔無雌雄，望月而孕。北宋何薳《春渚紀聞》

[075]　《古今圖書整合·歲功典·中秋部》引，北京：中華書局，成都：巴蜀書社，1985 年版。
[076]　《古今圖書整合·歲功典·中秋部》引，北京：中華書局，成都：巴蜀書社，1985 年版。

對此懷疑說：「東坡先生云：中秋月明，則是秋必多兔。野人或言：兔無雄者，望月而孕。信斯言則〈木蘭詩〉云『雄兔腳撲朔，雌兔眼迷離』何也？」這是古人美好的想像與傳說，是不能較真的。

蚌胎指珍珠。東漢揚雄有「剖明月之珠胎」的詩句。古人以為蚌孕珠如人懷妊，並與月的盈虧有關。唐人李善講：「明月珠，蚌子珠，為蚌所懷，故曰胎。」西晉臨淄人左思〈吳都賦〉曰：「蚌蛤珠胎，與月虧全。」唐詩人高適〈和賀蘭判官望北海作〉詩：「日出見魚目，月圓知蚌胎。」

了解了這些傳說，我們不僅可以理解傳說的「得日月之精華」對萬物生長的價值所在，而且可以得知，月亮的精華實際就是蟾蜍的光輝，玉兔的精華，它們都是月亮的代稱。

《淮南子·覽冥訓》載：「羿請不死之藥於西王母，姮（嫦）娥竊以奔月。」這就是嫦娥奔月的傳說。由於她偷吃神藥，背夫不忠，漢代人還詛咒她變成了蟾蜍。東漢張衡《靈憲》[077] 說：「羿請不死之藥於西王母，姮娥竊以奔月，託身於月，是為蟾蜍。」

這個神話故事有兩層意蘊：

第一，把嫦娥奔月的傳說與舜的「鳥工」，魯班削木為鵲聯繫起來，反映了遠古先民有著豐富的思維想像力，它為

---

[077]　《太平御覽》卷四〈天部四·月〉引，北京：中華書局，1960 年影印版。

後來腳踏實地的科學研究提供了研究課題。

第二，嫦娥偷吃的是長生不老藥，西方也有個偷吃的神話，是亞當、夏娃在伊甸園裡偷吃了禁果 —— 智慧果，從而造成了人類的原罪。中西兩個偷吃的神話，反映了兩種不同的人生價值選擇：中國人重生命，重長生；西方人重智慧。

《太平御覽》卷九五七〈木部·桂〉引《淮南子》云：「月中有桂樹。」漢武帝太初四年（西元前 101 年）建桂宮，故址在今西安市西北。南朝時又把月宮稱作「桂宮」。南朝沈約〈登臺望秋月〉詩：「桂宮裊裊落桂枝，露寒悽悽凝白霜。」

由桂樹又演變出「吳剛伐桂」的故事。唐人段成式《酉陽雜俎·天咫》載：「舊言月中有桂，有蟾蜍。故異書言月桂高五百丈，下有一人常砍之，樹創隨合。人姓吳名剛，西河人，學仙有過，謫令伐樹。」

自漢代傳說月中桂樹後，後人遂以桂枝比喻世間少有。西晉郤詵（ㄒㄧˋ ㄕㄣ）舉賢良對策列為上第，後遷雍州刺史。晉武帝於東堂會送，問他感到榮耀不。郤詵對曰：「臣舉賢良對策，為天下第一，猶桂林之一枝，崑山之片玉。」[078] 唐代科舉正好在八月舉行，應試得中者稱「折桂」。溫庭筠〈春日將欲東歸寄新及第苗紳先輩〉詩：「猶喜故人先折桂，自憐羈客尚飄蓬。」

---

[078] 《晉書·郤詵傳》，北京：中華書局，1974 年版。

古人又把月宮稱作廣寒宮。據《龍城錄‧明皇夢遊廣寒宮》傳說，八月望日夜，唐玄宗與道士申天師、鴻都客三人，在雲上游月中，寒氣逼人，見一大宮府榜曰「廣寒清虛之府」。又見白衣素娥舞於大桂樹之下，音樂清麗。明皇暗自覽記，回宮後編律成音，制霓裳羽衣曲。《漱石閒談》、《楊太真外傳》[079]，亦有類似的傳說。

明代唐寅繪
〈嫦娥執桂圖〉

明代人繪
〈三兔望月圖〉

清佚名繪
〈中秋佳節圖〉

---

[079]　《古今圖書整合‧歲功典‧中秋部》引，北京：中華書局，成都：巴蜀書社，1985 年版。

清蔣溥繪
〈月中桂兔圖〉

瓊台玩月
選自清陳枚繪《月曼清遊圖冊》

三、中秋月餅

　　關於「月餅」的來歷，說法眾多。民間傳說，元末江蘇高郵人張士誠（一說朱元璋）為號召人民反元，中秋節將紙條夾到月餅中，約定起義的時間。從此，每逢中秋節吃月餅，紀念這一斗爭的節日。河北《新河縣志》載：「相傳月餅之會為朱元璋殺韃子之暗記。」山東《青城縣志》載：「八月十五殺韃子。」《臺南縣志》載：「漢人以密令藏月餅，相約一時起義，遂於一夜殺完元兵，所以才有俚言『三

家養一員，一夜刮完元。』」[080] 其實，從這些傳說本身即可證明，元朝就有中秋吃月餅的習俗。

作為節日食品的月餅，唐代就有了。《洛中見聞》載，唐僖宗中秋吃月餅，味道極美，命御膳房將月餅賜給新科進士。

南宋吳自牧的《夢粱錄》卷十六〈葷素從食店〉，元朝周密的《武林舊事》卷六〈蒸作從事〉，都提到月餅。月餅最初由家庭製作，到明清逐步演化為商品。據《燕京歲時記》載，清代前門致美齋製作的月餅為京都第一。直到今天，每逢中秋節，各個食品店都擺滿了琳瑯滿目的月餅，花色、品種、樣式、口味，應有盡有。中秋向親友餽贈月餅，成為必須履行的人情，也是中秋節前人際間主要的交往形式。奇怪的是，像粽子、年糕、元宵一類的節日食品，平日也可以吃。唯獨月餅，不是中秋節前後，既無賣的，也無吃的，是最具特定意義的節日食品。

到唐代為止，有關中秋神話、傳說、風俗，以及節日食品等，都基本齊備了，中國傳統的中秋節最後定型。

---

[080]　丁世良、趙放主編：《中國地方志民俗資料彙編》，北京：書目文獻出版社，1995年版，華北卷第513頁，華東卷上第183頁，華東卷下第1831頁。

● 第八節
重陽節

　　重陽節是夏曆九月九日。《易經》將九定為陽數，九月
九日的月、日都是九，故日「重陽」。魏文帝曹丕〈與鍾繇
九日送菊書〉講：「歲往月來，忽復九月九日。九為陽數，
而日月並應，俗嘉其名，以為宜於長久，故以享宴高會。」

一、重陽節的起源

　　重陽節在戰國時期已經萌芽，重陽的名稱、餐菊、登高的
習俗都產生了。屈原〈遠遊〉日：「集重陽入帝宮兮，造旬
始而觀清都。」〈離騷〉云：「朝飲木蘭之墜露兮，夕餐秋菊
之落英。」北宋高承《事物紀原》載：「齊景公始為登高。」
　　至於登高、餐菊是否固定在九月九日，已無從可考了。
重陽節作為一種節日，至遲在兩漢時期已經形成了。《西京

雜記》[081] 載：「漢武帝宮人賈佩蘭云，在宮時，九月九日佩茱萸，食蓬餌，飲菊花酒，令人長壽。」東漢崔寔《四民月令》[082] 也記載：「九月九日，可採菊華（花）。」

東漢開始流傳用登高、菊花酒、茱萸囊攘除惡氣、災厄的說法。南朝梁吳均《續齊諧記》[083] 載，東漢汝南桓景隨方士費長房學道。費長房告誡桓景說：「九月九日汝家有災厄，宜令急去，家人各作絳囊盛茱萸以繫臂上，登高飲菊花酒，可消。」重陽過後，待桓景全家回來一看，院中的雞、狗、豬、羊、牛全都暴死。費長房說，這是家畜代你們受了禍。從此，「世人每至此日，登高山、飲酒、戴茱萸囊是也。」由此可知，重陽節還是古人同災難、瘟疫、厄運抗爭的避難節，民間有句話叫「躲過三月三，躲不過九月九」，與重陽節避難不無關係。

二、重陽節的風俗活動

（一）登高

重陽節登高最著名的典故是「龍山落帽」和項羽戲馬臺。

---

[081] 《古今圖書整合・歲功典・中秋部》引，北京：中華書局，成都：巴蜀書社，1985 年版。

[082] 《太平御覽》卷九九六〈百卉部三・菊〉引，北京：中華書局，1960 年影印版。

[083] 《太平御覽》卷九九一〈藥部八・茱萸〉引，北京：中華書局，1960 年影印版。

　　東晉桓溫九月九日於龍山（今安徽當塗東南）大宴僚佐，參軍孟嘉被風吹落帽子而不覺。待其如廁，桓溫命左右取帽放其座上，並命孫盛作文嘲弄他。孟嘉返回，作文回贈，「其文甚美，四座嗟嘆」[084]。後來，「龍山落帽」成為才華橫溢的典故。辛棄疾〈念奴嬌〉稱：「龍山何處？記當年高會，重陽佳節，誰與老兵共一笑？落帽參軍華髮。」

清代任伯年繪〈龍山落帽〉

---

[084]　《晉書·孟嘉傳》，北京：中華書局，1974 年版。

楚漢戰爭時，項羽自立為西楚霸王，定都彭城，在城南南山檢閱士兵操練兵馬，故名項羽戲馬臺。東晉末年，大將劉裕九月九日「出項羽戲馬臺，至今丞相以為舊準」[085]。項羽戲馬臺因而成為重陽登高、賦詩的名勝，謝靈運、謝瞻、韓愈、蘇軾、辛棄疾、文天祥都曾到此登臺詠詩。

今徐州項羽戲馬臺位於徐州市區南部戶部山上。明朝天啟年間徐州大水，徐州戶部分司署遷臺上辦公，此後改稱戶部山。現戲馬臺為 1987 年重修，占地 800 平方公尺，修復和新增景點 30 餘處。

（二）插茱萸

茱萸是一種常綠帶香的植物，具有殺蟲消毒、逐寒祛風的功能，被稱為「闢邪翁」。西晉周處《風土記》[086]載：「俗九月九日謂為上九，茱萸到此日氣烈，熟，色赤，可折茱萸囊以插頭，云避惡氣御冬。」隋唐時期，重陽節插茱萸蔚成風氣，王維的〈九月九日憶山東兄弟〉載：

> 獨在異鄉為異客，每逢佳節倍思親。
> 遙知兄弟登高處，遍插茱萸少一人。

---

[085] 《南齊書·禮志》，北京：中華書局，1972 年版。
[086] 《太平御覽》卷九九一〈藥部八·茱萸〉引，北京：中華書局，1960 年影印版。

〈茱萸圖〉
選自日本江戶晚期繪本《本草圖譜》

（三）採菊花、飲菊花酒

兩漢時期，採菊花，飲菊花酒已蔚成風氣。《風土記》[087]
載：「漢俗，九日飲菊花酒以祓除不祥。」由於菊花可闢邪，
令人長壽，所以古人稱菊花為「延壽客」、「制頹齡」。兩漢
以後，菊花和重陽節結為不解之緣，人們紛紛採菊、賞菊、
詠菊、飲菊花酒，用菊花配製不老方。

---

[087]　《古今圖書整合·歲功典·重陽部·匯考》引，北京：中華書局，成都：巴
　　　蜀書社，1985 年版。

九月重陽賞菊
選自清陳枚繪《月曼清遊圖冊》

陶淵明是古代最喜歡重陽節飲酒詠菊的詩人，辭官隱居後，「九月九日無酒，宅邊東籬下菊叢中摘（菊）盈把，坐其側。未幾，望見白衣人至，乃王弘送酒也。即便就醉而後歸」[088]。他寫的〈九日閒居〉[089] 序也有此心境：「余閒居，愛重九之名，秋菊盈園而持醪靡由，空服九華，寄懷於言。」其中有「酒能袪百慮，菊為制頹齡」的詩句。這就是「陶公詠菊」、「白衣送酒」的故事。唐初王勃〈九日〉詩，

---

[088] 《太平御覽》卷三十二〈時序部一七・九月九日〉引《續晉陽秋》，北京：中華書局，1960 年影印版。
[089] 《古今圖書整合・歲功典・重陽部・藝文二》引，北京：中華書局，成都：巴蜀書社，1985 年版。

「九日重陽節，開門有菊花，不知來送酒，若個是陶家」，描寫的就是這件事。

南朝宋王韶之《太清記‧不老方》[090] 載：「九月九日採菊花與茯苓、松脂，久服之，令人不老。」《本草綱目》亦載：「九月九日採白菊花，名曰金精菊花二斤，茯苓一斤，搗羅為末，每服二錢，溫酒調下，日三服。或以煉過鬆脂和丸，雞子大，每服一丸。主（治）頭眩，久服令人好顏色，不老。」

九月賞菊
選自《雍正十二月行樂圖》

[090]　《古今圖書整合‧歲功典‧重陽部‧匯考》引，北京：中華書局，成都：巴蜀書社，1985 年版。

在古代，幾乎是「無菊無酒不重陽，不插茱萸不過節」。南宋吳自牧《夢粱錄》卷五〈九月〉載：「日月梭飛，轉盼重九。蓋九為陽數，其日與月並應，故號曰『重陽』。是日孟嘉登龍山落帽，淵明向東籬賞菊，正是故事。今世人以菊花、茱萸浮於酒飲之，蓋茱萸名『闢邪翁』，菊花為『延壽客』，故假此兩物服之，以消陽九之厄。年例，禁中與貴家皆此日賞菊，士庶之家亦市一二株玩賞。」宋元之交周密《乾淳歲時記》[091] 載，偏安江左的小朝廷南宋過重陽，也要在臨安（今杭州）慶瑞殿點菊花燈，「分列萬菊」。

明代陳洪綬繪〈玩菊圖〉

[091]　《古今圖書整合・歲功典・重陽部・紀事》引，北京：中華書局，成都：巴蜀書社，1985 年版。

（四）賦詩

兩漢以後，皇帝百官、文人學士重陽節登高飲酒，賦詩詠懷等風雅之事，史不絕書。唐朝宮中重陽節，皇帝也和文武百官一起飲酒賦詩，並賜重陽宴。唐中宗景龍三年（西元709 年）九月九日，與群臣登高飲酒賦詩。規定，最後成詩者罰酒。結果，盧懷慎最後完成，被罰了酒。《新唐書‧王勃傳》載，王勃的父親左遷交趾令，王勃前去省親，路過南昌，恰碰洪州都督閻氏九月九日大宴賓客於滕王閣。都督原計劃讓其婿作序，以在賓客面前誇耀，故意拿出紙筆讓賓客們寫。王勃泛然不辭，都督怒起更衣，讓手下看王勃寫些什麼，逐句稟報。當都督看到「物華天寶」、「人傑地靈」、「落霞與孤鶩齊飛，秋水共長天一色」等佳句時，由衷感嘆說：「天才也！」

當然，更多的還是賞菊、詠菊的詩。陶淵明有「採菊東籬下，悠然見南山」的詩句。從此，「東籬」成為菊花園的別稱，為詠菊文人所津津樂道。北宋詞人柳永〈玉蝴蝶‧重陽〉有「西風吹帽，東籬攜酒」的詩句。南宋女詞人李清照重九寫的〈醉花蔭〉，也借「東籬」組詞，留下了「東籬把酒黃昏後，有暗香盈袖。莫道不銷魂，簾卷西風，人比黃花瘦」的千古佳句。

唐末起義領袖黃巢寫過著名的〈不第後賦菊〉：

待到秋來九月八，我花開後百花殺。

沖天香陣透長安，滿城盡帶黃金甲。

南宋張端義《貴耳集》[092] 載，黃巢五歲時和父祖一起對菊花聯句。祖父正在思考，黃巢信口搶答道：「堪與百花為總首，自然天賜赭黃衣。」父親大怒，上前就要打。祖父制止說：「孫能詩，但未知輕重，可令再賦一篇。」黃巢應聲吟道：

颯颯西風滿院栽，蕊寒香冷蝶難來。

他年我若為青帝，報與桃花一處開。

子孫在父祖面前要禮讓，賦詩撰文也不能占先。由此可知，古代重陽節還蘊含著儒家的孝道和改天換地的豪情。

（五）射箭

西周時期，天子、諸侯、卿大夫有賓射、燕射、大射之禮。一般民眾也有春秋定期舉行的鄉射之禮。射還是當時禮、樂、射、御、書、數六藝之一。秦漢以後，朝廷除定期舉行大射之禮外，在春蒐、夏苗、秋獮、冬狩等四時圍獵及宮廷宴會等場合，都少不了較射講武。重陽節飲酒射箭，就

---

[092] 《古今圖書整合·草木典·菊部·紀事》引，北京：中華書局，成都：巴蜀書社，1985 年版。

是注重講武習射傳統向節日的滲透。

《南齊書·禮志》講：「九月九日馬射。或說云，秋金之節，講武習射，象漢立秋之禮。史臣曰：案晉中朝元會，設臥騎、倒騎、顛騎，自東華門馳往神虎門，此亦角抵雜戲。宋武（劉裕）為宋公，在彭城，九日出項羽戲馬臺，至今相承，以為久準。」可知重陽節騎馬射箭之俗，起於東晉南朝。南朝陳後主重陽節觀馬射，還寫下了〈同管記陸瑜九日觀馬射〉詩：

> 且觀千里汗，仍瞻百步楊。
>
> 非為從逸賞，方追塞外羌。

唐太宗貞觀十六年（西元 642 年）重陽節，「賜文武五品以上，射於玄武門」[093]。唐初宋國公蕭瑀不習射，九月九日賜射，竟一箭不中，歐陽詢賦詩取笑說：

> 急風吹緩箭，弱手馭強弓。
>
> 欲高翻覆下，應西還更東。
>
> 十回俱著地，兩手並擎空。
>
> 借問誰為此，乃應是宋公。[094]

---

[093]　《唐會要》卷二六〈大射〉，北京：中華書局，1955 年版。

[094]　《古今圖書整合·歲功典·重陽部·紀事》引《啟顏錄》，北京：中華書局，成都：巴蜀書社，1985 年版。

（六）食糕

糕，古代稱作「餌」、「粢」。《釋名》曰：「餌，而也。相黏而也。」[095] 先秦時期穀賤黍貴，帶黏性的黍米飯是「食之貴者」。《周禮·天官·籩人》載：「羞籩之實，糗餌粉粢。」鄭玄注曰：「粢謂乾，餌，餅之也。此二物皆粉稻米、黍米所為也。合蒸曰餌，餅之曰粢。」鄭玄認為，周代就有將黍磨成麵粉合蒸的糕了。上述賈佩蘭說的「蓬餌」，就是糕。

也有的認為漢代以後才有糕。《野客叢談》[096] 載，唐朝詩人劉禹錫作九日詩，想用「糕」字，但想到《五經》中沒有，所以不敢用。宋真宗時的名臣宋祁認為，《周禮·天官·籩人》中的「餌」、「粢」就是糕，遂寫〈九日食糕〉詩道：

飆館輕霜拂曙袍，糗粢花飲鬥分曹。

劉郎不敢題糕字，虛負詩中一世豪。

隋代杜臺卿《玉燭寶典·食蓬餌飲菊花酒》講：「九日食蓬餌（糕）飲菊花酒者，其時黍秫並收，因以黏米嘉味，

---

[095]　《太平御覽》卷八六〇〈飲食部一八·餌粢〉引，北京：中華書局，1960 年影印版。

[096]　《古今圖書整合·歲功典·重陽部·雜錄》引，北京：中華書局，成都：巴蜀書社，1985 年版。

觸類嘗新，遂成積習。」《隋書・五行志》載當時民諺說：「七月刈禾傷早，九月吃糕正好。」可見，重陽節食糕的風俗，與收穫已畢的農事季節有關。

《嘉話錄》[097] 載，唐朝袁師德的父親叫袁高，因為「高」與「糕」同音，袁師德重陽節「不忍食糕」。這固然反映了儒家孝道中避父祖名諱的荒唐，但也說明孝親比遵從節日風俗重要得多。

隋唐以後，重陽節食糕的風俗十分流行，糕的種類與花樣也名目繁多。

《東京夢華錄》卷八〈重陽〉載，重陽「前一二日，各以粉麵蒸糕遺送。上插剪彩小旗，摻釘果實，如石榴子、栗黃、銀杏、松子肉之類。又以粉作獅子蠻王之狀，置於糕上，謂之獅蠻」。

除此之外，還有食祿糕、棗栗花糕、丹桂花糕、高麗栗糕、鬆糕、菊黃糕等等。

詠菊、飲酒、射箭、賦詩，是皇帝百官及文人學士的高雅之戲，普通民眾最流行的是做節日食品。每逢重陽節，家家蒸糕互相饋送。江蘇一帶流傳：「重陽吃塊糕，過寒也不焦；重陽吃塊餅，過寒也不冷。」許多地區過重陽節都將

---

[097] 《古今圖書整合・歲功典・重陽部・紀事》引，北京：中華書局，成都：巴蜀書社，1985 年版。

嫁出去的姑娘接回來，來往過程中則互送花糕，名曰「追節」、「迎九」、「女兒節」。有的切一塊糕，貼到兒女腦袋瓜上，祈禱三聲說：「願兒百事俱高（糕）！」

農耕生活的處境，使中國的老百姓時刻注意節日的氣候和來年的收成，總結出許多有關農時氣候的規律和諺語。他們發現，重陽刮東北風，則來年豐收；刮西北風，則來年歉收。重陽日晴，則一冬晴，雨則皆雨。如南方諺語說：「重陽無雨看十三，十三無雨一冬乾。」、「不怕重陽雨，只怕重陽風。」[098]

三、重陽節的傳說

重陽節的傳說很多，在此僅舉兩例。

東晉干寶《搜神記》卷五載，安徽省全椒縣有一姓丁的媳婦不堪忍受惡婆婆的虐待，於九月九日自縊而死。這位媳婦還不錯，沒有忘記受苦受難的姐妹，變為神靈託身巫祝說：「婦女天天勞作，不得休息，九月九日不能再幹活。」於是，江南人尊她為「丁姑」，把九月九日作為「息日」。這是古代唯一記載婦女勞作辛苦和婦女休息日的典籍，應該是中國古代最早的婦女勞動節。

---

[098] 《古今圖書整合·歲功典·重陽部·匯考》引《江南志書》、《福建志書》，北京：中華書局，成都：巴蜀書社，1985 年版。

　　《後漢書‧獨行‧范式傳》載，山陽金鄉人范式字巨卿，與汝南張劭字伯元少遊太學，告歸鄉里時，范式對張劭說：「後二年當還，將過拜尊親，見孺子焉。」到了約定的日期，張劭讓母親準備酒菜等待范式的到來。母親說：「二年之別，千里結言，爾何相信之審邪？」、「范巨卿信士，必不乖違。」范式果然準時赴約，二人盡歡而別。後張劭病死，託夢給范式，范式又千里迢迢到汝南奔喪。臨安葬，張劭的棺柩怎麼也不肯進墓穴，母親知他在等待范式，命停棺柩等待。一會兒，范式素車白馬，號哭而來，親自「執紼而引」，張劭的棺柩才肯前行。范式為張劭修墳栽樹，安置停當才離去。

　　後人出於對范、張二人「信義生死交」的欽佩和推崇，不斷進行演義加工。明人馮夢龍《喻世明言》第十六卷在吸收前人文學加工的基礎上，演義出一段令人肝腸寸斷的故事，叫做「范巨卿雞黍生死交」。

　　東漢山陽商人范式在洛陽近郊染上風寒，困在客店中。恰逢汝南人張劭進京應選，與范式同宿一家店裡。在張劭的精心照料下，范式很快恢復了健康。范、張二人遂結拜為生死兄弟。分手時，范式約定來年黃花紅葉的重陽節到張劭家拜見其母。張劭承諾：當殺雞煮黍以待。

　　第二年重陽節，張劭早早起床，把院子、房間灑掃乾淨，拿出專門釀製的美酒，讓弟弟殺了專門飼養的肥雞，讓母親煮好黍米飯。擺好桌椅，讓母親坐在中間，旁邊擺上范式座位。遍插菊花、茱萸於瓶中，等待范式到來。母親說：「山陽到我們家迢迢千里，又是一年前的約定，恐怕范式未必能到。等他來了，再殺雞也不晚。」張劭說：「范巨卿，信士也，今日必到。我曾承諾以雞黍招待，人家一進門就看見我承諾的飯食，才顯出我們的誠意。」

　　范式回家後，忙於經商，忘記日期。重陽早上鄰居送來茱萸酒，他這才猛然想起重陽「雞黍之約」。可迢迢千里，無論如何也趕不到了。范式想起古人講的「人不能行千里，魂能日行千里」，范式囑咐妻子說：「我死後不要下葬，等我兄弟張元伯來了，方可入土。」說完，他自刎而死。范式的魂魄架陰風千里赴約。

　　張劭等范式不來，迷迷濛濛地進入夢鄉。夢境中，聽范式講述了實情，一下子就哭醒了。連夜起程，趕赴金鄉。數日後到達，一打聽果然如夢中情景一樣，他就直奔墓地而去，哭倒於地。隨後，令人買來祭物和香燭紙帛，陳列於范式靈柩前。祭後朝著范式靈柩連磕三個響頭，拔劍自刎而亡。眾人來不及阻攔，在驚愕中，忙為之設祭，備好棺槨把二人合葬於墓穴之中。

范、張二人死後，金鄉范莊的老百姓念及他們重諾守信的壯舉，改范莊為「雞黍」，即現在的山東金鄉縣雞黍鎮，鎮上有「二賢祠」與「范張林」。

「雞黍之交」把承諾、信義的價值放在自己的生命價值之上，再現了古代君子之交的聖神和高尚，為重陽節又增添了一份厚重的文化意蘊。

除上述主要傳統節日外，還有二月二日中和節、臘八節、辭（祀）灶節等，限於篇幅，就不一一縷述了。

● 第九節
傳統節日點評

中國的節日大致可分為以下七類：

第一類：元旦（春節）、清明、端午、中秋、重陽等類的傳統節日。

第二類：婦女節、兒童節等類的紀念節日。

第三類：各地東嶽廟會等一類的廟會節日。

第四類：道教正月十五天官上元節、七月十五地官中元節、十月十五水官下元節，佛教四月八日浴佛節、七月十五盂蘭盆會節等一類的宗教節日。

第五類：傣族潑水節、西南地區火把節、高山族的豐收節等一類的少數民族節日。

第六類：國際孔子文化節、濰坊國際風箏會、北京奧林匹克文化節、泰山國際登山節等一類的文化節。

第七類：外國舶來的情人節、愚人節、母親節、父親節、聖誕節等「洋節」。

這種多元化的節日格局，反映了現代節日越來越社會化、市場化、區域化、個性化的新趨勢和節日價值的新追求。其中，傳統節日的文化意蘊最深厚，它是遠古的歷史回音，記載著中華先民蹣跚的歷史足跡，反映著中華民族的歷史和文化，在今天仍有其寶貴的文化價值。

一、教化萬民的工具

越往遠古，社會風俗就越是國家政治教化的組成部分。節日是古代統治者推行禮樂教化的工具，透過節日來歌舞昇平，與民同樂，營造出歡樂祥和的氣氛，是維護統治的有效方式。

《尚書‧舜典》孔穎達疏曰：「節氣晦朔，皆天子頒之。」

《禮記‧孔子閒居》載：「天有四時，春秋冬夏，風雨霜露，無非教也。」

商周時期，王者立四時之序而化天下。《禮記‧月令》記載了周天子一年四季的禮儀活動，有些內容成為後來節日的淵源。當時的許多風俗活動都由專職的官員負責。如修火禁由司烜氏負責，修褉由女巫負責。也可以說，當時的歲時節

令是統治、教化天下萬民的組成部分。在傳統節日形成過程中，許多節日風俗，如逐儺、放燈、掃墓、拜月等，本身就是統治者確立和倡導，經反覆傳襲而形成的。就連四月八日的浴佛節也是南朝梁武帝所倡導的，只是沒成氣候。

封建統治者之所以大力提倡過節，顯然是利用了中國人愛過節的心理，讓下層人民沉浸在短暫而連續不斷的歡樂中，得到情感的滿足、補償和宣洩，以轉移社會矛盾的視線，沖淡下層人民憤怨，消磨他們的鬥志。正因如此，封建統治階級儘管享有各種特權，唯獨不要過節這個特權，幾乎沒有一個不讓下層人民參加的節日。甚至中國有這麼多的封建王朝，竟沒規定一個王朝建立紀念節。因為過節是為了與民同樂，普天同慶，統治者單獨過節，就失去利用節日維護統治的意義了。這也是秦漢以後統治者明智、長進的地方，在先秦時期講「禮不下庶人」[099]，有些節日性的禮，庶人是沒有的。

當然，封建統治階級更願意過節。過節既是隋煬帝一類天子好大喜功，講究排場的大好時機，又是宋徽宗一類君臣文恬武嬉，粉飾太平的生活方式。有了這普天同慶，國泰民安的心理滿足，也就夠了。

---

[099]　〈禮記·曲禮上〉，載《十三經註疏》，北京：中華書局，1980 年版。

二、農業文化的印記

　　傳統節日反映著農業社會的生活規律，幾乎所有傳統節日都與農時緊密相連，反映著季節、氣候變化，流傳著許多有關農時、氣候的諺語。「年」的雛形就是慶豐收，老百姓都企盼「瑞雪兆豐年」、「乾冬溼年，禾穀滿田」。「上元無雨則春旱」，告誡人們及早作抗旱的準備；「清明前後，種瓜種豆」，則提醒人們播種季節的到來；「七月十五定旱澇，八月十五定收成」，是對一年氣候和豐歉的總結；「雲暗中秋月，雪打上元燈」，是對天氣雨雪的預測；「不怕重陽雨，只怕重陽風」，反映了對乾旱的擔憂。

　　古人還將從正月初一到十一，依次分別歸屬雞、狗、豬、羊、牛、馬、人、穀、果、菜、莊稼的日子，是農業與家庭畜牧業相結合的自然經濟的鮮明寫照。從節日的內容上看，七夕節作為中國式的「情人節」雖然浪漫，但典型地反映了男耕女織，一夫一妻一頭牛的小農家庭模式。

　　幾千年來，中國農民一直過著不得溫飽的生活，「吃好飯，穿新衣」是傳統節日的過節模式，反映的就是農民解決溫飽問題的質樸要求。所以，中國的節日飲食嚴格而規範，即使再清貧，節日食品也是必備的，不然會被人笑話。中國人有句話叫「誰家過年不吃頓餃子」。南宋陸游有句詩叫「貧家猶裹粽，隨時答年光」。民諺還講：「重陽吃塊糕，

過寒也不焦；重陽吃塊餅，過冬也不冷。」這實際上也是對「量腹而食，度身而衣」的農耕生活的一種補償。在過去，農村的農民做頓改樣飯，都要到祖先神靈面前供養一下。再聯繫古代按時令節氣供養新鮮食品的「嘗新」之祭和「十月一，送棉衣」，說明古代的祖先神靈也沒解決溫飽問題，他們也有這方面的要求。現在溫飽問題解決了，但過年吃餃子，正月十五吃元宵，端午吃粽子，中秋吃月餅等過節方式卻保留下來了，即使再富有，節日食品也是必須吃的。

幾千年的宗法家族社會，不僅使一家一戶的小農家庭成為生活、生產的組織核心，還是傳統節日的組織者和主持者。把傳統節日和紀念節日比較，我們會發現它們之間的不同特點：第一，傳統節日的過節方式是吃好飯，穿新衣，而紀念節日的過節方式是集會、做演講、演節目；第二，傳統節日的組織者是家庭，而紀念節日的組織者是公司、學校、幼稚園。每到紀念節日，絕沒有「每逢佳節倍思親」的感覺。一個兒童沒了幼稚園和小學，就沒了兒童節。父母說，孩子別哭，爸爸媽媽給你過節。不行，你過不出那個感覺來。第一，你不是兒童節的組織者；第二，你的過節方式的吃好飯，穿新衣，而兒童節的孩子們要舉行集會，做遊戲、表演節目，你過得了麼？

中國的農民日出而作，日落而息，年復一年地默默勞

作，單調、乏味、循環而閉塞的生活，需要一種高強度的精
神宣洩和沉悶的精神麻醉，傳統節日恰恰迎合了這種特定的
農業文化心態。中國人不僅小孩愛過年，大人也喜歡過節。
尤其是春節，總覺得它過得太快，過完節有說不出的失落
感。唐代詩人蘇味道〈正月十五夜〉寫的「玉漏莫相催」，
倒是恰切地反映了這一心理。中國的鞭炮之所以受歡迎也出
自這種宣洩心理，一聽到高強度的鞭炮噪音，他們就感到興
奮，就會獲得快感和短暫的精神刺激。其他像舞獅龍、踩高
蹺、跑旱船、敲鑼鼓、扭秧歌等節日娛樂形式，中國人不僅
愛看，更喜歡參與，也是出於這種農業文化心態。

三、闔家團圓的旋律

　　正由於傳統節日的組織者是家庭，沒有或離開家庭，也
就沒有了傳統節日，這也是許多單身每逢傳統節日必須回家或
特別難過的原因。七夕節所昭示的就是：家庭和夫妻團圓是多
麼的珍貴。文人學士也圍繞著「闔家團圓」耗盡了情思和靈
感。像王維的「每逢佳節倍思親」，蘇東坡的「但願人長久，
千里共嬋娟」，之所以千古傳頌，就是因為它與闔家團圓的節
日觀念發生強烈的共鳴。直到現在，只要看看春節前擁擠的車
站，就可以理解，家庭團聚在人們心目中是多麼的重要。為了
吃那頓節日團圓飯，付出的代價實在是太大了。

143

　　由於中國人祖先崇拜和宗法觀念的濃重，闔家團圓的旋律還包括對家庭人際倫理的珍視，對祖先的崇敬和緬懷，對父母尊長的孝敬，對子孫綿長的希冀。祭祖先、敬尊長、崇倫理、守禮儀成為節日的主要內容和基本特徵。

　　節日期間，親戚、朋友之間繁瑣的互訪、餽贈，流於世俗的應酬，成為和諧人際關係、禮尚往來的主要管道。春節掛家堂祭祖，清明節掃墓，十月一送寒衣等，祭祀祖先的活動在節日中持續不斷地進行。胡樸安的《中華全國風俗志》講，廣州人送寒衣特心急，給祖先想得特周到。七月前半月就開始送衣、燒衣。有的把做冥衣的金紙、銀紙等衣料，紙幣、紙元寶等包成一個包焚化。可能廣州陰間手工業和商品經濟發達，不送成衣送衣料和錢，找人製作更合身。由於是提前寄來，現購買、現製作都耽誤不了祖先冬天穿。

　　傳統節日更是承載著敬老愛幼的傳統美德。除夕元旦敬拜父母尊長；冬至日兒媳婦向公婆獻鞋襪，祝他們「踐長」、「履長」；九九重陽節祝父母「久久」長壽。被稱為「延壽客」、「制頹齡」的菊花讓老人沉浸在老樹新花的喜悅中。端午節、七夕節、重陽節都稱作「女兒節」，端午為兒女系五色絲、簪榴花、塗雄黃，七夕為女兒乞巧，重陽節讓兒女「事事俱糕（高）」，還有老人們元旦「屠蘇最後嘗」的謙讓，都寄託著中國人子孫綿長期望。基於嚴格遵守節日

禮儀的道德傳統和老少幾代人共聚一堂的節日環境。

　　與濃厚的宗法倫理氛圍相反，西方的聖誕節、復活節、受難節、感恩節則充滿了濃厚的宗教色彩，多寄託著對神的幻想與遐思，教會成為節日的組織者，禮拜和祈禱是過節的主要方式。換句話說，在重今生，輕來世的中國宗法社會，主要是和人過節，而重來世、奉上帝的西方宗教社會，則是對神的緬懷和敬奉。

四、自強不息的精神

　　節日是遠古生產力低下的歷史回音，記載著先民蹣跚的足印和征服自然的頑強信念。中國傳統節日中反映的自強不息的精神，主要表現為對人類險惡生存環境的抗爭，對自然、神靈的征服、改造、利用，對遠古新生活的開拓。

　　除夕驅鬼逐疫，「勞形趨步」、袪疾健身；飲椒柏酒和屠蘇酒壓邪；元旦放爆竹「闢山臊惡鬼」；元宵節走百病；修禊節洗濯祓除；端午節採藥、插艾葉、帶五色絲、飲雄黃酒袪毒；中秋收露水合墨除百病；重陽節登高避難，佩茱萸避惡氣等等。袪邪禳災、防禦侵害，保護人類的各種舉措，在一年四季的節日中重複進行著。它折射出遠古人類生存環境的險惡，讓人領略到古人對惡月惡日、瘟疫、鬼怪、災厄等不屈不撓的抗爭和征服。這種抗爭和征服，不僅讓節日中的

門神、灶神、財神委身於千家萬戶，甚至讓四方天帝太昊、炎帝、少昊、顓頊等分別掌管春、夏、秋、冬四時，為農耕生活服務。古人還把節日從惡月、惡日、邪鬼、瘟疫、蟲毒的恐怖中解放出來，創造和開拓為禮儀型、娛樂型的「良辰佳節」。黃巢的重陽節菊花詩「他年我若為青帝，報與桃花一處開」，讓菊花在春天開放，不僅是對青帝太昊的利用，而且是真正意義的改造自然。

回首先民們的蹣跚足跡，就能領略到節日風俗中蘊含的生生不息的精神和征服自然的頑強信念。節日的傳承是為了弘揚這一可貴文化精神，而不是沿襲、照搬古人在探索中的具體結論。如果仍然痴迷上述的種種說法，則演變為陋俗，演變為對自然，對宗教神靈的屈服、迷信和個體自我意識的迷失。

五、傳統技藝的載體

傳統節日傳承著高科技含量的文化和高超的食品、器物製作工藝，是儲存、傳承傳統文化的載體。

年、季、月、朔、望、旬、時、刻、更、鼓等，以及閏月、二十四節氣、七十二候、六十甲子、大量有關氣候的農諺，是古代先民對大自然奧祕不懈探索而取得的科技成果，它就蘊含在歲時節日體系之中。中秋節嫦娥奔月、蟾輝吐光、兔蚌望月的傳說，洋溢著先民們探索宇宙奧妙的強烈慾望。清明

節的風箏，韓信利用風箏測量地面距離，張伾用風箏送信，以及大型轉鞦韆，不僅說明中國人很早知道運用空氣的浮力，而且反映了器物製作上的高超技藝和使用上的高智商。

中國的傳統節日都有固定的節日食品，過年吃餃子，端午吃粽子，中秋吃月餅，重陽節吃糕等等。還有許多具有較高文化藝術水準的節日民俗物象，如：濰坊楊家埠、天津楊柳青、蘇州桃花塢木版年畫，春節和元宵節的花燈、秧歌、高蹺、獅子舞，端午節的龍舟競渡等，不是過節，既沒有賣的、玩的、展示的，也沒有吃的、觀賞的。藉助節日，這些製作工藝和文化藝術才得以傳承下來。沒有節日，也就失傳了。

六、個體品格的陶冶

傳統節日還涉及具有忠義品格的介子推、伍子胥，孝親品格的曹娥，愛國主義精神的屈原，注重承諾、信義的范式和張劭，具有祭祖先、敬尊長、崇倫理、守禮儀的一系列過程。所以，過節還是每個人個體品格的陶冶和印證。

中國社會的現代化和節日的多元化，淡化了傳統節日的古典氛圍，也加速運載了其中的文化精神。文化節的出現，雖然沿襲了頒行節日的傳統，但卻完成了由政治教化到經濟創收的轉折。「洋節」的時髦，固然沒有「玉梅雪柳千家鬧」

的盛況，但節日的倡導者和組織者卻不再是政府、家庭、公司，而是個人，展現了揮灑個性，突顯自我的價值觀。「洋節」的倡導者不是過節者的獵奇、趨新和率先垂範，而是對它情有獨鍾的廠家、商家的推波助瀾。如果說，春節、中秋節是傳統節日的流行促進了鞭炮、月餅的生產和銷售，對「洋節」來說正好相反，是廠家、商家對聖誕帽、玫瑰花、康乃馨等眾多「洋節」禮品的促銷活動推動了「洋節」的流行。春節晚會的出現，把全家人圍成的「圈」拆成了一條直線，使一家人的親密相對疏遠，但它又是「儺舞」、「正月裡唱大戲」的化身和傳承者；機械化送來的噪音使人們喪失了對鞭炮、鑼鼓的快感，但火車提速、私人汽車的湧現又提高了趕年關團聚、春節煩瑣應酬的效率；現代化的通訊網路破壞了遲緩的農業生活節奏，卻又高效率地傳送了闔家團圓的情思和訊息。

節日是活生生地流淌著的中華民族的歷史和文化，是大量獨特的民俗生活意境和深遠的民族生活氣息的文化記憶。在現代節日文化的急遽變化中，許多傳統節日逐漸被淡漠、冷落，從而失去了原來的「味」。如何保護這些人類口頭和非物質文化遺產，留住節日文化的「根」，如何給節日賦予現代化轉型的新形式、新內涵，使它成為一種「活的古典文化」，已成為越來越多的人思考和討論的話題。

婚姻風俗

　　婚姻是人類得以繁衍生息的主要方式和構成家族、親族的基礎。婚姻風俗主要包括婚姻形態、媒介、禮儀以及離婚、改嫁、夫婦間的地位等種種風俗觀念。

● 第一節
婚姻形態的演變和定型

　　《詩·邶風·谷》曰：「宴爾新昏，如兄如弟。」、「宴爾」又作「燕爾」，原為安樂之意，後又作新婚的代稱，即我們現在說的「新婚燕爾」。

　　《說文十二下·女部》稱：「婚，婦家也。禮，娶婦以昏時，婦人陰也，故曰婚。」、「姻，婿家也，女之所因，故曰姻。」

　　《禮記·昏義》孔穎達疏曰：「案鄭《昏禮目錄》云：『娶妻之禮，以昏為期，因名焉』。必以昏者，取其陰來陽往之義。日入後二刻半為昏，以定稱之。婿曰昏，妻曰姻。《經解注》云：『婿曰昏，妻曰姻』是也。謂婿以昏時而來，妻則因之而去也。若婿之與妻之屬名，婿之親屬名之曰姻，女之親屬名之為昏。故鄭注《婚禮》云『女氏稱昏，婿氏稱

姻』。《爾雅》云:『婿之父為姻,婦之父為婚。』又云:『婿
之黨為姻兄弟,婦之黨為婚兄弟』是也。」

上列旨義,似乎婿和婦家稱婚,妻和夫家稱姻。其實,
「男昏女姻,散則通」,可以互稱,婚姻即指夫婦。婚姻之婚
為什麼也寫作「昏」?鄭玄說是「以昏為期,因名焉」。現
在娶妻以白晝,且掛紅彩,古代以迎女為迎陰氣至家,必夜
行,車服尚黑,執燭前往。

也有的說,「婚」之所以寫作黃昏的「昏」,來自遠古
昏時進行的搶劫婚。《周易·屯》載:「乘馬班如,匪寇婚
媾。」、「乘馬班如,泣血漣如。」《詩·豳風·七月》云:
「女心傷悲,殆及公子同歸。」西元前 604 年春,魯宣公到齊
國,齊國大夫高固看中了他的女兒叔姬,留住魯宣公,強逼
魯宣公答應了婚約,直到夏天才放魯宣公回國。這種強迫性
質的婚姻,應是遠古搶劫婚的殘餘。至今仍有一句俗語,叫
做「捆綁不成夫妻」,其緣起也應該是搶劫婚。

陸游《老學庵筆記》卷四載:「辰、沅、靖州蠻……嫁
娶先密約,乃伺女於路,劫縛以歸。亦忿爭叫號求救,其實
皆偽也。生子乃持牛酒拜女父母。初亦陽怒之,鄰里共勸,
乃受。」

明清民國時期,安徽、江蘇、上海、浙江一帶,仍然存
在這種搶親的舊俗。

1911 年 3 月 13 號上海《民立報》載，上海田大令為搶親風俗特意發出「保護寡婦之縣諭」，指出，「邇來人心險惡，風俗澆漓，搶孀逼醮，層見疊出，鄉民習以為常。甚至夫病篤而先經議價；夫甫亡而肆搶謀」，頒諭「嚴禁此風，以期永久淨絕」。

民國十九年《嘉定縣續志》載：「凡民間聘妻，女家力爭財禮。無力迎娶或悔婚不願嫁者，則糾人搶之，雖控告到官，往往因已成婚，薄責而和解之而已……甚有寡婦不願適人，搶去逼醮者，謂之『搶醮』。」上海寶山《月浦志》亦載：「棍徒窺有少艾孀婦，則賄誘其遠族，私立婚書，糾結黨夥，昏夜破門而入，挾婦登輿，不問其從與否，謂之『扛孀』。」[100]

《列子·湯問》載，遠古時代「長幼儕居，不君不臣。男女雜遊，不媒不聘。」這種雜亂性交沒有特定的約束規範，構不成氏族、家族，也不知道生育的祕密，往往歸結為「感神龍」、「踐巨人跡」、「吞薏苡」等，還算不上嚴格的婚姻。瑞士法學家和史學家巴霍芬（西元 1815－1877 年）在《母權論》中用「雜婚」揭示了這個階段，恩格斯充分肯定了他的貢獻，但指出他用了個不恰當的名詞，恩格斯叫

---

[100]　丁世良、趙放主編：《中國地方志民俗資料彙編》華東卷引，北京：書目文獻出版社，1995 年版，第 56、79 頁。

做「雜亂的性交關係」、「所謂雜亂，是說後來由習俗所規定的那些限制那時還不存在」[101]。

人類最早的婚姻形式是血緣家族，當時已排除了父母與子女之間的性交關係，是一種同胞兄弟姐妹間的血緣婚，這種血緣婚相當伏羲氏時代。傳說，伏羲氏曾讓人兄妹結婚，並率先垂範，與妹妹女媧結為夫妻。唐人李冗《獨異志》[102] 載：「昔

唐人繪〈伏羲女媧像〉
傳說，伏羲氏曾讓人兄妹結婚，並率先垂範，與妹妹女媧結為夫妻

宇宙初開之時，只有女媧兄妹二人在崑崙山，而天下未有人民，議以為夫妻，又自羞恥。兄即與其妹上崑崙山，咒曰：『天若遣我兄妹二人為夫妻，而煙悉合，若不，使煙散。』於是煙即合，其妹即來就兄，乃結草為扇，以障其面。」

[101]　恩格斯：〈家庭、私有制和國家的起源〉，載《馬克思恩格斯選集》第一卷，北京：人民出版社，1972 年版，第 5、6、31 頁。
[102]　《古今圖書整合·家範典·夫婦部·外編》引，北京：中華書局，成都：巴蜀書社，1985 年版。

　　高山族傳說，洪水把世上的人都淹死了，只剩兄妹二人。妹妹要和哥哥結婚，哥哥不同意。妹妹說，山洞裡有個姑娘，你和她結婚吧。哥哥去山洞，果然見一蒙面姑娘，婚後才知道正是自己的親妹妹。海南島的黎族傳說，上古天翻地覆，人類盡遭厄運，僅剩兄妹二人。妹妹把臉上刺上花紋，讓哥哥認不出來，二人結了婚。從此，黎族姑娘開始紋面。

　　這時，人類不僅知道了生育的祕密，而且逐漸意識到同一血緣結婚的害處，在古代，叫做「男女同姓，其生不蕃」[103]。在遠古認知未啟蒙的階段能夠了解到近親結婚的害處似乎難以置信，其實是可以理解的。

　　首先，許多兄妹結婚的傳說，都是在各種天災之後，僅剩下兄妹二人，別無選擇，表現了一種萬般無奈的心理否定；其次，許多兄妹結婚後，都有生下肉球、肉瓜、葫蘆、無四肢五官等怪胎的傳說，反映了人們抵制血緣婚的樸素觀念；再次，現代許多婚俗比較落後的民族，不僅對同血緣婚姻有清醒的認知，而且實行的基本上都是族外婚。

　　於是，人們先從禁止父母與子女間的婚姻關係入手，再禁止親兄弟姐妹、堂兄弟姐妹、遠房兄弟姐妹，最後，本氏族內不准通婚，這就產生了族外婚。

---

[103]　〈左傳‧僖公二十三年〉，載《十三經註疏》，北京：中華書局，1980 年影印版。

　　族外婚是甲氏族的一群兄弟出嫁到乙氏族，與乙氏族的一群姐妹互相婚姻。在中國古代，一般是兩個氏族結成世代通婚的聯盟。如姬姓氏族與姜姓氏族即是長期通婚的聯盟。

　　中國的媳婦一直稱公婆為「舅姑」。《爾雅·釋親》載：「婦稱夫之父曰舅，稱夫之母曰姑。」這種稱謂，就是族外婚的殘餘。由於世代互相通婚，甲氏族的男子嫁到乙氏族，乙氏族的男子嫁到甲氏族。媳婦的公公實際上是自己母親的兄弟，婆婆實際是自己父親的姐妹，就是媳婦的舅舅和姑姑。

　　族外婚在具體通婚形式上有以下三種，這三種形式也顯示了向對偶婚發展的線索。

　　第一種形式是野合而婚。古代和現代某些少數民族，都要定期舉行祭祀女神的儀式和各種形式的集會，目的之一就是為兩氏族青年男女提供建立婚姻關係的機會。恩格斯在《家庭私有制和國家起源》說：「加利福尼亞半島的居民（蒙昧時代高級階段），據班克羅夫特（美）說，則有一些節日，在節日裡幾個部落聚集在一起，進行不加區別的性交。」恩格斯還引用芬蘭人韋斯特馬爾克的《人類婚姻史》指出，在印度，「在某些非洲民族和其他民族中，都有這種定期的沙特恩節。」中國到商周時代，仍有這種舊俗。

　　《周禮·地官司徒·媒氏》載：「中春之月，令會男女，於是時也，奔者不禁。」

《史記·滑稽列傳》載：「州閭之會，男女雜坐……握手無罰，目眙不禁，前有墜珥，後有遺簪……日暮酒闌，合尊促坐，男女同席，履舄交錯，杯盤狼藉，堂上燭滅……羅襦襟解，微聞香澤。」

另外，《詩經》中反映男女野合調情的例子很多，孔子就是其父叔梁紇與顏氏女野合而生的。

第二種形式是公共房屋。過去的雲南彝族阿細人氏族男女分居，女住「黑衣德」，男住「若衣德」。其中，黑衣德也是女子晚上招待外氏族男子的場所。由於本氏族男子晚上都出去了，若衣德實際成了老人和小孩睡覺的地方。

《三國志·魏志·東夷傳》載，高句麗「女家作小屋於大屋後，名婿屋。婿暮至女家戶外，自名跪拜，乞得就女宿，如是者再三，女父母乃聽使就小屋中宿」。這種「婿屋」，可為上述公共房屋之佐證。

第三種形式是走訪婚。隨著族外婚的發展，由本氏族一群兄弟的集體拜訪，發展到單個人的拜訪。上述高句麗的婚俗就是典型的走訪婚。雲南寧蒗縣永寧區與四川省鹽源縣交界的瀘沽湖地區的納西族的阿注婚，就是典型的走訪婚。這種婚姻的特點是男不娶妻，女不嫁夫，男子夜間到女子家裡過偶居生活，白天返回自己的母親家裡。凡過這種偶居生活的男女，不算夫妻，而以「阿注」相稱。建立阿注關係，主要透過勞動、節日、廟會等場合，一般不受年齡、輩分的限

制。解除也很簡單。據 1950 年代的民族調查，一般是女方說了算。只要女方說：「明天你不要來了！」或者女方把男方的行李物品收拾整齊，放在門外，就行了。雙方都沒有憂傷和痛苦，也沒有獨占、嫉妒、失戀、精神恍惚、痛不欲生的感覺。他們說：「舊的阿注走了，新的阿注來了。」、「你的阿注也是我的阿注，我的阿注也是你的阿注。」[104]

　　族外婚也是群婚，隨著它的發展，雙方要求保持相對專一、穩定的婚姻關係，於是出現了對偶婚。恩格斯在《家庭私有制和國家起源》中講，在對偶婚的情況下，「一個男子在許多個妻子中有一個主妻，而他對女子來說，也是她的許多丈夫中的一個主夫」。上述納西族的阿注婚有兩種情況：一是男方僅僅晚上到女方那兒去，白天的生產、生活是分開的。另一種是不光在女方居住，白天的生產、生活也在一起，就是一種對偶婚。

　　父權制確立後，中國傳統婚姻實行嚴格而虛偽的一夫一妻制。它要求婦女嚴守片面的貞操，絕對不准同時有兩個丈夫，男子則可同時擁有眾多個媵妾，但「禮無二嫡」[105]，妻子同時只能有一個。後來也出現過雙妻，但都是不合法的。

　　自兄妹血緣婚開始，人類的婚姻生活正式創立，到一夫一妻製為止，傳統的婚姻形態最後定型。

---

[104]　嚴汝嫻、宋兆麟：《永寧納西族的母系制》，雲南人民出版社，1983 年版。
[105]　《晉書·禮志中》，北京：中華書局，1974 年版。

● 第二節
婚姻媒介

中國傳統的婚姻媒介是「父母之命，媒妁之言」。除外，尚有收繼、典當、冥婚、自願婚等。

一、媒妁婚和冰人、月老

遠古社會男女自由擇偶，不需要透過媒妁。商周時期，自由談婚論嫁的氏族遺風仍大量存在。

《左傳・莊公三十二年》載：「初（莊）公築臺臨黨氏，見孟任，從之，閟（ㄅㄧˋ），而以夫人言許之，割臂盟公，生子般焉。」

《左傳・昭公十一年》載：「泉丘人有女，夢以其帷幕孟氏之廟，遂奔（孟）僖子，其僚（鄰女）從之，盟於清丘之社曰：『有子無相棄也！』」

從這兩件事反映的情況來看，「盟誓」是男女自由結合的一種形式。漢樂府《上邪》宣誓曰：「上邪！我欲與君相知，長命無絕衰。山無陵，江水為竭，冬雷震震，夏雨雪，天地合，乃敢與君絕！」反映的正是遠古這種自由擇偶。

西周的統治者開始推行父母之命，媒妁之言等古代婚姻媒介的新風尚。無論是魯國的「變其俗，革其禮」，還是齊國的「因其俗，簡其禮」，都是對遠古社會氏族遺風的逐步改造，對新社會風尚的倡導和推行。從男女自由擇偶，到媒妁權威的樹立；從對「烝」、「報」、「通」等男女關係的容忍，到「烈女不更二夫」，社會風俗傳承的基本趨勢是：遠古氏族遺風逐漸消失，各種風俗禮制逐步樹立。婚姻方面的移風易俗，齊魯是率先垂範的地區。

傳說中的媒人是女媧，被稱作「神媒」。《風俗通·佚文·陰教》載：「女媧禱祠神，祈而為女媒，因置昏姻，行媒始行明矣。」南宋羅泌《路史》亦載：「女媧氏正媒氏，職婚姻，通行媒，以重萬物之別，是曰『神媒』。」

其實，最早出現的媒人，是國家法定的官員，亦即官媒。《周禮·地官司徒·媒氏》記載，媒氏職掌男女結合、登記造冊、防止聘禮逾制、處理夫妻訴訟等。

齊國的官媒稱「掌媒」，負責「合獨」，合獨是齊國的「九惠之教」之一。《管子·入國》介紹說：「一曰老老，二

日慈幼，三日恤孤，四日養疾，五日合獨，六日問疾，七日通窮，八日振困，九日接絕……所謂合獨者，凡國都皆有掌媒，丈夫無妻曰鰥，婦人無夫曰寡，取鰥寡而合和之，予田宅而家室之，三年然後事之，此之謂合獨。」

這段材料表明，設立媒妁是國家推行的婚姻法之一，它與安定民生，培養稅源、富國強兵的統治政策聯繫在一起。後來的皇帝賜婚；地方官臨堂做媒；王莽禁止民間鑄錢，犯者鄰里相坐，把幾十萬人押往長安，拆散人家夫婦重新匹配；三國軍閥搶掠婦女配給將士，都是在執行官媒的職能。《元典章‧戶部》規定，媒妁由地方長老保送信實的婦人充當，充官為籍。

從西周到戰國，媒人、父母主宰婚姻的作用逐漸增大，媒妁的職權也由僅僅主管鰥夫、寡婦的「合獨」，擴大到連結未婚男女的婚姻，無媒嫁娶開始受到社會輿論的指責。

東漢許慎在《說文十二下‧女部》中談媒妁的職責時講道：「媒，謀也，謀合二姓。」、「妁，酌也，斟酌二姓也。」

《詩經‧豳風‧伐柯》稱：「伐柯如何？匪斧不克。娶妻如何？匪媒不得。」後來稱做媒為「作伐」、「執柯」、「伐柯」，即出此。

《詩經‧齊風‧南山》講：「娶妻如之何？必告父母。」、「娶妻如之何？匪媒不得。」

《詩‧衛風‧氓》云：「非我愆期，子無良媒。」

《禮記‧曲禮上》云：「男女非有行媒，不相知名。」

《公羊傳‧僖公十四年》何休注：「禮，男不親求，女不親許。」

《管子‧形勢》云：「自媒之女，醜而不信。」

《孟子‧滕文公下》云：「不待父母之命，媒妁之言，鑽穴隙相窺，逾牆相從，則父母國人皆賤之。」

燕將樂毅攻破齊國，齊湣王的兒子法章逃匿到莒城太史敫家，和太史敫的女兒私訂終身。法章後為齊襄王，立太史敫的女兒為王后。對太史敫來說應是天大的喜事，可他竟然宣布說：「女不取媒因自嫁，非吾種也，汙吾世！」[106] 終身不見女兒。太史敫固然死不開竅，由此也可看出，媒妁對婚姻風俗的制控力已很強大了。

私媒的出現也很早，多由婦人充當，稱作「媒媼」，元朝始稱「媒婆」。由於她善於花言巧語，亂點鴛鴦，在古代威信就不高。《淮南子‧謬稱訓》稱：「媒妁譽人，而莫之德也。」《戰國策‧燕策一》載：「周地賤媒，為其兩譽也。之男家曰女美，之女家曰男富。」明清民國時期的許多地方志多記有「寧做賊，不做媒」的諺語。

---

[106] 《史記‧田敬仲完世家》，北京：中華書局，1959 年版。

媒婆
選自清代《街頭各行業人物》

中國古代傳宗接代的婚姻價值選擇，決定了媒妁在執行著一項崇高而偉大的事業，中國人對她是又恨又離不開，又送給她「冰人」、「月老」等種種高雅的稱號。

冰人之稱起自晉代。《晉書‧索紞傳》載，令狐策夢見站在冰上與冰下人說話，索紞為其解夢說：「士如歸妻，迨冰未泮，婚姻事也。君在冰上與冰下人語，為陽語陰，媒介事也。君當為人作媒。」不久，太守田豹果然來求其作媒。從此，媒人又稱冰人。

月老的說法起於唐代。唐人李復言傳奇小說《續玄怪錄‧定婚店》載，杜陵韋固多次求婚不成，為求婚住在店

裡。晚上見月下有一老人拿著一個包和天下定婚牘，韋固
向他敘述自己求婚的情況。月下老人說，不行，你媳婦才 3
歲，17 歲才能嫁給你。我包裡裝的是紅繩，用紅繩繫在男女
孩的腳上，長大後雖天涯海角，仇敵之家，也要牽到一起。
你腳上的線，我已經繫到那女孩的腳上了。月老還領韋固到
市場上，見到一個賣菜的老太婆抱著一個 3 歲醜女，說：「此
君妻也。」韋固大怒，指使家奴刺中了那醜女的眉心。14 年
後，韋固娶了刺史王泰 17 歲的女兒，美麗絕倫，眉間貼一花
鈿。婚後，該女說，我是刺史的養女，父母雙亡，乳母每日
抱我賣菜，3 歲時被狂徒刺中眉心，留下疤痕。

這個月下老人千里紅線牽姻緣的傳說，雖美妙動聽，卻
已貫穿上姻緣前世定，不可抗爭的命定格調。

月老
選自清代周培春繪《民間神像圖》

媒妁在中國存在了幾千年，「婚嫁有媒，買賣有保」，到民初仍然流傳「天上無雲不成雨，地下無媒不成婚」的諺語。今天，千年的傳統與現代化的形式結成跨時代的知音，先是婚姻介紹所，接著是空中鵲橋、徵婚廣告等，每當出現一種新的傳媒，總是首先應用於婚姻媒介。它只是打破了過去那種一對一的狹小範圍，一個人可以同時面對廣泛的候選對象。但它與傳統的媒妁有一共同的特徵：都是從陌生人中選拔配偶。媒妁之所以長期存在，主要原因是：

1. 中國傳統婚姻是家族盛衰的關鍵，君臣父子等級人倫之根本，是家族型、社會型的，而不是個人型的，當然不能婚姻自主，必須透過父母、媒妁。

2. 男女授受不親的觀念需要媒妁來限制那些「私合」、淫奔的愛情，以保證祖宗血脈的純正性。《白虎通·嫁娶》載：「男不自專娶，女不自專嫁，必由父母，須媒妁何？遠恥防淫泆也。」

二、指腹婚和童養媳

如果媒妁婚是媒妁之言的話，指腹婚就是父母之命。

指腹婚起自漢代。《後漢書·賈復傳》載，賈復在激戰中受重傷，漢光武大驚說：「我所以不令賈復別將者，為其輕

敵也,果然失吾名將。聞其婦有孕,生女邪,我子娶之;生男邪,我女嫁之。」

指腹婚在南北朝相當盛行,士族們把兒女婚事當作兒戲,來附庸風雅。北魏崔浩曾讓王慧龍妻與盧遐妻指腹為婚。南朝韋放與張率指腹為子女們訂婚。到明代,甚至割下母親的衣襟作為指腹為婚的信物。清代嬰兒沒出生,就把童養媳抱進門,稱作「望郎媳」,美其名曰:「插朵花兒待兒生。」

從漢朝的王符到北宋司馬光都指責這種指腹婚,司馬光指出:「世俗,好於襁褓童幼之時輕許為婚,亦有指腹為婚者。及其既長,或不肖無賴,或身有惡疾,或家貧凍餒,或喪服相仍,或從宦遠方,遂至背信棄約,速獄致訟者多矣。」[107]

元、明、清的法律均加以禁止,直到民國初期,仍然屢禁不止。

《元史·刑法志二》載:「諸男女議婚,有以指腹割襟為定者,禁之。」

《大清會典事例·刑部·戶律婚姻》載:「或有指腹割衫襟為親者,並行禁止。」

---

[107] 《朱子家禮·婚禮》引《司馬氏書儀》,北京:中國人民大學出版社,2016年版。

與指腹婚相聯繫的是童養媳，它有一個發展演變的過程，童養媳起源於春秋時期的「待年」。它來自姪娣陪嫁的媵，更遠則是姊妹共夫的群婚制。民國十二年的安徽《黟縣四志‧地理志》講：

童養媳俗云小媳婦，蓋始於春秋待年之女而絕似六朝拜時之婦。按隱公七年，叔姬歸於紀。公羊注：伯姬弟（娣）也，待年於父母之家。拜時為權宜之制，其禮以紗蒙女首，送往夫家。夫發之，因拜舅姑，使成婦道，禮畢即歸。今黟之小新婦竟依夫家，與六朝拜時稍異。

先秦時的「待年」，即不夠結婚的年齡，先訂婚，然後在父母家裡待年。《春秋‧隱公七年》載：「叔姬歸於紀。」杜預注曰：「叔姬，伯姬之娣也，至是歸者，待年於父母國，不與嫡俱行。」《春秋公羊傳》何休解詁曰：「叔姬者，伯姬之媵也，至是乃歸者，待年父母國也。婦人八歲備數，十五從嫡，二十承事君子。媵賤書者，後為嫡，終有賢行。」

叔姬是魯女伯姬之妹，本來應該作為「媵」隨伯姬一起出嫁，因為年齡小，在家裡待年。這裡已有童養媳的形式，但訂婚後不在舅姑家，而是住在父母家。

「拜時」婚主要流行於魏晉南朝的朝臣、世族之家。杜佑《通典》卷五十九〈禮十九〉載:「拜時之婦,禮經不載,自東漢魏晉及於東晉,咸有此事。按其儀,或時屬艱虞,歲遇良吉,急於嫁娶,權為此制。以紗縠蒙女氏之首,而夫氏發之,因拜舅姑,便成婚禮,六禮悉舍,合巹復乖。」、「拜時」是因為世道「艱虞」而又遇「良吉」之時,先擇吉時到舅姑家舉行婚禮,然後再回到娘家。因這是「禮經不載」,違背「六禮」、「合巹」禮的速成婚姻,又稱作「三日之婚」,曾引起朝臣的激烈爭論。

三國時,朝鮮半島東海濱的東沃沮還有一種和現在差不多的童養媳,「女年十歲,已相設許,婿家迎之,長養以為婦,至成人,更還女家。女家責錢,錢畢,乃復還婿」[108]。該俗是先將女孩養在婿家,長大後再納聘禮成親。

嚴格意義的童養媳流行於元、明、清、民國初期,蔓延於安徽、湖廣、閩浙。

同治十三年刻的湖南《平江縣志》載:「有女甫生而過門者,謂之『血盆』。」《岳州府志》[109]叫「血盆撫養」,又叫「婆養媳」。

---

[108] 《三國志‧烏丸鮮卑東夷傳》裴松之注引《魏略》,北京:中華書局,1959年版。

[109] 丁世良、趙放主編:《中國地方志民俗資料彙編》華中卷引,北京:書目文獻出版社,1995年版。

安徽《續溪縣志·輿地誌·風俗》載：「自育嬰廢，貧者生女，多有不舉。近效江右，女生异人抱養，長即為抱養者媳。雖陋俗篾禮，然猶賢於殘忍成風也。」

從上述地方志的記載來看，從小養在婆家的童養媳主要在明清民國初期。童養媳往往娘家貧寒，在夫家受到殘酷的虐待。

三、收繼婚

收繼婚又稱續婚、轉房。指男方收繼後母、寡嫂、弟媳等。它來自原始社會群婚的殘餘。漢族和各少數民族都有這種婚俗。

《史記·五帝本紀》載，堯將娥皇、女英二女嫁給了舜，舜的異母弟象千方百計要殺死哥哥，只要哥哥一死，他就可把兩位嫂子繼娶過來。《史記·匈奴傳》亦載，匈奴族「父死妻其後母，兄弟死皆取其妻妻之」。西漢王昭君在其夫呼韓邪單于死後，又嫁給了呼韓邪的兒子。

秦漢以後，中原的收繼婚開始受到限制。《淮南子·氾論訓》載：「昔蒼吾繞娶妻而美以讓其兄，此所謂忠愛而不可行也……孟卯妻其嫂，有五子焉，然而相魏，寧其危，解其患。」蒼梧繞是春秋時人，以妻漂亮而讓給哥哥。孟卯是齊國人，娶了嫂子生了五個兒子。該文的意思是說，對兄長

忠愛，也不能把媳婦讓給他啊！孟卯「妻其嫂」雖然道德敗壞，當官卻能為魏國寧危排患。可以看出，由於漢代道德倫理觀念的改變，先秦時期通行的收繼婚，到漢代成為「亂倫」了。

《漢書·王尊傳》載，王尊為槐里令，兼行美陽令事，美陽女子告丈夫前妻之子不孝曰：「兒常以我為妻，妒笞我」。王尊說「律無妻後母之法」，把不孝子綁在樹上用亂箭射死。

元明清的法律對收繼婚的懲罰更加嚴厲。

《元史·刑法二》載：「諸兄收弟婦者，杖一百七，婦九十七，離之。雖出首，仍坐。主婚笞五十七，行媒三十七。諸居父母喪奸收庶母者，各杖一百七，離之。有官者除名。諸漢人、南人，父沒子收其庶母，兄沒弟收其嫂者，禁之。諸姑表兄弟嫂叔不相收，收者以奸論。」

《大清會典事例·刑部·戶律婚姻》載：「若收祖父妾及伯叔母者（不問被出、改嫁）各斬。若兄亡收嫂，弟亡收弟婦者，各絞。」乾隆四十九年（西元 1784 年），奉天府高九收弟媳楊氏，下諭「應擬絞候，秋讞時再核其情節輕重辦理」。

儘管禮法如此，娶後母、寡嫂、弟媳的風俗仍然流行。益州牧劉璋的兒子劉瑁之妻吳氏寡居，按輩分是劉備的姪媳婦，劉備還是娶了吳氏為後。南朝宋前廢帝劉子業，隋煬帝

楊廣都曾娶過父親的妃子。唐太宗李世民也曾娶過弟弟李元吉的妃子。這種婚俗叫做「轉房」。

四、入贅婚和典賣婚

入贅婚起自先秦。《史記‧滑稽列傳》載：「淳于髡者，齊之贅婿也。」《說文六下‧貝部》載：「贅，以物質錢。」也就是說，男子入贅女家是作為抵押品的。秦朝贅婿的地位很低，為「七科謫」[110] 之一。《漢書‧賈誼傳》載：「秦人，家富子壯則出分，家貧子壯則出贅。」應劭注曰：「出作贅婿也。」唐朝顏師古注曰：「謂之贅婿者，言其不當出在妻家，亦猶人身體之有胼贅，非應所有也。一說，贅，質也，家貧無有聘財，以身為質也。」把贅婿看作是身之「胼贅」，其低下的地位可想而知。

先秦兩漢時，出贅在貧苦人家十分流行。《漢書‧嚴助傳》載：「間者，數年歲比不登，民待賣爵贅子以接衣食。」東漢如淳注曰：「淮南俗賣子與人作奴婢，名為贅子，三年不能贖，遂為奴婢。」顏師古注曰：「云贅子者，謂令子出就婦家為贅婿耳。」即令子到女家為贅婿或為奴婢，以換取一定的錢財。

---

[110]　即有罪的官吏；逃犯；贅婿；有市籍的商人；曾有市籍的商人；父母曾有市籍的；祖父母曾有市籍的。

贅婿在封建社會低賤的地位有兩個表現：

其一，贅婿入贅女家，子女隨女方姓，甚至本人也要隨女家的姓。

《元曲選‧羅李郎大鬧相國寺》有段道白說：「老夫陳州人士，姓李名玉字和之，在羅家入贅，人順口，都叫我羅李郎。」

《明史‧陳友諒傳》載，陳友諒「沔陽漁家子也，本謝氏，祖贅於陳，因從其姓。」

其二，婚姻的決定權在女方。女方隨時可將贅婿趕走，叫做「逐婿」。

姜太公就是個「逐婿」，《韓詩外傳》卷八第二十四章載：「太公望少為人婿，老而見去，屠牛朝歌，賃於棘津，釣於磻溪。」

宋、元、明、清時的贅婿始分為兩種：一種是「養老婿」，終身在妻家作贅，頂門當差，田間勞作，贍養女方父母等。明初詩人王逢〈浦東女〉詩：「丁男殉俗各出贅，紅女不暇親桑麻。」說的就是贅婿代替了女子樹藝桑麻的勞作。

第二種是「舍居婿」，贅婿不改姓，待女方父母亡後攜妻兒回原籍，留下一子繼立女方門戶。

20 世紀初，山東鄒縣「其有風之陋者，贅婿一事，婿承岳產，為他人後，永不歸宗」[111]。這種情況是養老婿，之所以被稱作「風之陋者」，是因為到民初時，「永不歸宗」的養老婿已不多了。民國二十六年的上海《川沙縣志》載近代民諺說：「入贅女婿不是人，倒栽楊柳不生根。要望丈人丈母招橫事，領了家婆就動身。」[112] 這是「舍居婿」，只要「丈人丈母招橫事」，就可出舍獨居或認祖歸宗。

現在提倡男到女家，仍然受到世俗偏見的阻礙，被稱作「入贅」。

賣妻兒的現象從先秦到民初史不絕書，如果買者是用來做妻妾，則也是一種婚姻媒介。另外，以妻抵債、典當、賭妻等也屬這一類。

賣妻之俗起於先秦。《戰國策·齊策三》載：「象床之直千金，傷此若髮漂，賣妻子不足償之。」《韓非子·六反》載：「嫁妻賣子者必是家也。」《元典章·戶部》載，江西行省段萬十四將妻子假作弟妹，賣給譚小十為妻。湖廣劉子明將妻作妹，受財嫁與王萬四為妻。江西一帶稱賣妻為「嫁生妻」。《昭萍志略》載：「至有嫁生妻者，尤深惡痛絕。議

---

[111]　胡樸安：《中華全國風俗志·下篇·卷二·山東·鄒縣之婚禮》，鄭州：中州古籍出版社，1981 年版。

[112]　丁世良、趙放主編：《中國地方志民俗資料彙編》華東卷上引，北京：書目文獻出版社，1995 年版，第 29 頁。

事多於廢寺曠野中，以夜行之，見者咄為不祥。諺有『住茅房，討生妻，愁老一世』之謠。」[113]

元代禁止受財轉嫁妻子，《元史·刑法志二·戶婚》載：「諸受財嫁賣妻妾及過房弟妹者，禁！」

以妻抵債和賭妻之風也很普遍。

王安石夫人吳氏用 90 萬錢為其買一妾，原來是位將軍的夫人，因押運米船丟失，以家產賠償不足，又賣妻。王安石「呼其夫，令為夫婦如初，盡以錢賜之。」[114]

明代賭妻之風尤盛。擔任《永樂大典》副總裁的梁時，「其父貧無行，以博得婦，生子。踰年，又博而負，人攜之去，隨其毋長，乃走會稽山中讀書。洪武中以善書授岷府紀善，遷翰林典籍，修《永樂大典》，充副總裁。」[115]

典妻是因經濟貧困，無力維持生計，將妻子按一定的期限典當給別人。對方一般已婚無子，家財富足，繳納一定的租金，借妻生子。這種風俗自宋代開始流行，元、明、清沿襲成俗。民國二十三年浙江《宣平縣志》載：「近更有典妻惡俗，或十年或八年不等，限內生子屬於受典者，限滿仍退還前夫。」

[113] 丁世良、趙放主編：《中國地方志民俗資料彙編》華中卷引，北京：書目文獻出版社，1995 年版。

[114] （南宋）趙善璙：《自警編》卷二〈操修類·無嗜好〉，載《景伊文淵閣四庫全書》第八百七十五冊，臺灣：商務印書館，1983 年版，第 249－250 頁。

[115] （清）錢謙益：《列朝詩集小傳乙集·梁典籍時傳》，上海：上海古籍出版社，1983 年版，第 202 頁。

元明清的法律都有禁止典妻的條文，但仍屢禁不止。如《元史·刑法志》載：「受錢典僱妻妾者，禁。」《大清會典·事例·刑部戶律婚姻》載：「凡將妻妾受財典僱與人為妻妾者，杖八十。（父）典僱女者杖六十。」

五、冥婚

冥婚又叫鬼婚，是指未婚死人之間結為夫妻，後來發展到活人與死人結為夫妻。這一婚俗有著悠久的歷史。

《周禮·地官司徒·媒氏》載：「禁遷葬者與嫁殤者。」說明先秦時期就有讓雙方合葬成婚和嫁死人的風俗。三國曹操想讓死去的愛子曹沖娶邴原的亡女，遭到拒絕後，又為曹沖娶甄氏亡女合葬成婚。[116] 唐中宗李顯的長子李重潤，因議論武則天委政張易之，被逼令自殺，未婚而死。李顯復位後，追封其為懿德太子，「聘國子監丞裴粹亡女為冥婚，與之合葬」[117]。

唐朝還有冥婚後離婚的。中宗韋皇后的亡弟與蕭至忠的亡女結冥婚合葬，「及韋氏敗，至忠發墓，持其女柩歸」[118]。

到了宋代，冥婚大行，凡是未婚男女死了，父母都要託媒說親，媒人稱作「鬼媒人」。南宋康與之《昨夢錄》載：「北俗男女未婚而死，兩家命媒互求之，謂『鬼媒人』。」

---

[116]　參見《三國志·魏書·鄧哀王沖傳》，北京：中華書局，1959 年版。

[117]　《舊唐書·懿德太子傳》，北京：中華書局，1975 年版。

　　　[118]《舊唐書·蕭至忠傳》，北京：中華書局，1975 年版。

元、明時的冥婚更加荒唐和慘無人道。《元史·列女傳》載，東平楊氏，其夫死後，夫家準備找亡女骨合葬以成冥婚，楊氏竟自殺與夫合葬。

　　明代形成了旌揚貞節烈婦的制度和風俗，《明史·列女傳》記載了許多未婚、已婚女子，因男方死了，自殺以成冥婚的事例。

　　清代則出現納采（六禮的第一步，剛剛提親，詳見婚禮）後，男方夭折，女方或自殺合葬，或者仍抱著未婚夫的木主（靈牌）拜堂成親，然後為未婚夫守節的風俗。其中後者，稱作「空夫婚」。在過去，廣東的冥婚和空夫婚相當盛行。男方死或者在南洋不能回家，仍將媳婦娶回家，抱著木主或公雞拜堂。

　　清梁紹壬《兩般秋雨庵隨筆》卷八載：「今俗男女，已聘未婚而死者，女或抱木主成親，男或迎柩歸葬，此雖背情，亦有禮意。」

　　徐珂《清稗類鈔·婚姻類·豬仔之婚姻》載：「粵東有被人略賣至外國為苦工者曰豬仔，若其家已為聘妻，久俟不歸，則仍迎娶如儀。百兩既歸，禮行交拜，新婦左側必縛一雄雞以代之。俟行禮於天地、祖宗、翁姑後，羹湯一切，悉以責之。待男子歸里，作破鏡重圓之樂。否則，亦有所牽制而不容他適也。」

六、自由婚

自由婚應是人類婚姻的最早形式，但自父母之命、媒妁之言的禮教落實後，自由談婚論嫁只是一種個別的、特殊的情況了。

《風俗通・佚文・陰教》載：「齊人有女，二人求之。東家子丑而富，西家子好而貧，父母疑不能決。問其女：『定所欲適，難指斥言者，偏袒令我知之。』女便兩袒，怪問其故，云：『欲東家食，西家宿。』」

《史記・陳丞相世家》載，西漢陳平少時家貧，誰也不願意把女兒嫁給他。富戶張負有孫女，「五嫁而夫輒死」，陳平自願娶了她。

《後漢書・梁鴻傳》載：「同縣孟氏有女，狀肥醜而黑，力舉石臼，擇對不嫁。至年三十，父母問其故，女曰：『欲得賢如梁伯鸞者。』鴻聞而聘之。」

這些自願婚都是個別現象，且多在中國古代社會前期。從牛郎織女的傳說來看，不管人們將牛郎織女如何美化，也不管如何向以天帝為代表的封建勢力發洩，他們仍然是七夕見一面，說明自由婚在封建社會只占極小的比例。

男女相愛是人的天性。《禮記・禮運篇》稱：「飲食男女，人之大欲存焉。」《孟子・告子上》曰：「食色，性也。」《孟子・萬章上》曰：「好色，人之所欲。」在這種情況下，

即使被硬性的戒律所遏制，也會以變態或扭曲的形式反彈出來。中國古代的一見鍾情就是例子。古代男女有別，見面的機會不多，要自由結合，必須採取非正常的手段。這種扭曲、變態了的一見鍾情，一般有以下幾種形式。

其一，私奔。《史記·司馬相如列傳》載，西漢卓文君為司馬相如的瀟灑和文采所傾倒，司馬相如亦以「琴心挑之」，二人連夜私奔至成都。後來，二人又回到臨邛開酒店，卓文君當壚賣酒，司馬相如穿著犢鼻褌洗餐具，迫使卓文君之父卓王孫分給僮百人，錢百萬和第一次出嫁的妝奩。他們憑著智慧和鬥爭，贏得了自己的美滿姻緣，成為開「私奔」一代風氣的人物。

其二，偷香竊玉。即先造成既成事實，偷食禁果，而不管後果如何。《晉書·賈充傳》載，賈充的小女兒賈午看中了司空掾韓壽，透過女婢穿針引線，韓壽越牆到賈午處幽會。西域進貢一奇香，晉武帝賜給賈充和大司馬陳騫，賈午偷出送給韓壽，被賈充察覺，讓賈午嫁給了韓壽，成就了一段千古風流佳話。

其三，監守自盜。《世說新語·假譎》載，西晉末，溫嶠隨劉琨北征，得一玉鏡臺。姑母求他為表妹作媒，溫嶠以玉鏡臺下定禮，自娶了表妹。後來，關漢卿等據此寫成雜劇和傳奇——《玉鏡臺》。

其四，相思。孟棨《本事詩・情感》載，唐朝崔護清明節獨遊長安城南，在桃花叢中見一女子，結果雙雙得了相思病。第二年清明，崔護舊地重遊，桃花依舊，重門深鎖，人面消失，惆悵中題詩〈題都城南莊〉於門：

去年今日此門中，人面桃花相映紅。

人面不知何處去，桃花依舊笑春風。

原來，適逢該女子外出，回來看到此詩便相思成疾，粒米不進，後來有情人終成眷屬。

其實，相思僅僅是在封建禮教遏止下的一種未遂的婚姻心態，它往往是軟弱者既不敢衝破禮教羅網，又不能調適情感而導致的悲劇，像崔護那樣能夠相思成婚的，只不過是一種理想的寄託。

上述以非正常手段追求婚姻自由的人們，不管能否如願以償，也不管雙方結合的後果，以追求個性解放和婚姻自由為價值取向，是向傳統禮教挑戰的鬥士。這種變態、扭曲了的自由婚，是封建禮教禁錮、摧殘的產物。在婚姻自由的今天，再讚揚或者效法這些形式，則是對人生的放蕩和對社會無組織的發洩了。

● 第三節

婚禮

《周易·序卦》載:「有天地然後有萬物,有萬物然後有男女,有男女然後有夫婦,有夫婦然後有父子,有父子然後有君臣,有君臣然後有上下,有上下然後禮儀有所錯（措）。」

《禮記·郊特牲》云:「天地合而後萬物興焉,夫婚禮萬世之始也。」

《禮記·昏義》云:「昏禮者,將合二姓之好,上以事宗廟而下以繼後世也,故君子重之。」、「昏禮者,禮之本也。」

婚禮被看成是君臣父子、人倫禮儀之根本,家庭盛衰的關鍵,受到「君子」和全社會的高度重視。古代「禮不下庶人」,只有正妻能享受婚禮,妾及寡婦改嫁沒有資格享受。

《周禮·地官司徒·媒氏》稱：「令男三十而娶，女二十而嫁。」

《禮記·內則》載，男子「二十而冠，始學禮」、「三十而有室，始理男事」。鄭玄注曰：「室猶妻也。」女子「十有五年而笄，二十而嫁，有故二十三而嫁」。鄭玄注曰：「謂應年許嫁者，女子許嫁，笄而字之。其未許嫁，二十則笄。」、「故，謂父母之喪。」

男三十，女二十嫁娶，僅僅是禮制規定，古人的說法也不盡一致，實際都打破了這一限制。

《國語·越語上》載，越王勾踐為增強國力和人力，規定：「女子十七不嫁，其父母有罪；丈夫二十不娶，其父母有罪。」

《漢書·惠帝紀》載：「女年十七以上至三十不嫁，五算。」

《晉書·武帝紀》載：「制：女年十七，父母不嫁者，使長吏配之。」

唐玄宗開元二十二年規定：「詔男十五，女十三以上，得嫁娶。」[119] 宋朝仿開元婚制，唐宋兩朝是倡導早婚的時期。

元、明、清三朝的婚齡，基本是男 16 歲，女 14 歲。如《明史·禮志九》載：「凡庶人娶婦，男年十六，女年十四以

---

[119] 《新唐書·食貨志一》，北京：中華書局，1975 年版。

上，並聽婚娶。」

男子二十而冠，女子十五而笄，也叫「結髮」。女子訂婚後，即用絲纓束住髮髻，表示她已經有了對象，即《禮記‧曲禮》說的「女子許嫁，纓」。到成婚的當夜，由新郎解下。《儀禮‧士昏禮》載：「主人入，親說（脫）婦之纓。」鄭玄注曰：「婦人年十五許嫁，笄而禮之，因著纓，明有繫也。蓋以五彩為之，其制未聞。」所以，人們稱第一次結婚的夫妻為結髮夫妻。《文選》載蘇武詩：「結髮為夫妻，恩愛兩不疑。」《東京夢華錄》卷五〈娶婦〉載，男女「留少頭髮，二家出匹緞、釵子、木梳、頭鬚之類，謂之合髻」。此種禮儀就是結髮的演變。

傳統婚禮特別重視結髮夫妻的第一次結婚，再婚的禮儀就簡單了。民國二十三年《夏津縣志續編》載：「娶再醮婦，儀式極簡，無鼓吹，不親迎，以車不以轎，故俗稱『拉後婚』。」[120]

一、六禮

《儀禮‧士昏禮》記載了傳統婚姻六禮的詳細過程。

---

[120]　丁世良、趙放主編：《中國地方志民俗資料彙編》華東卷上引，北京：書目文獻出版社，1995年版，第141頁。

納采

納，接納；采，採擇。納采即納採擇之禮，後來也稱「合婚」、「說媒」等。男方託媒向女方提親，女方答應後，以獸皮和雁做小禮物向女方求婚。

《儀禮·士昏禮》稱：「昏禮下達，納採用雁。」鄭玄注：「達，通達也。將欲與彼合昏姻，必先使媒氏下通其言，女氏許之，乃後使人納其採擇之禮。」唐賈公彥疏：「男父先遣媒氏（至）女氏之家通辭往來，女氏許之，乃遣使者行納采之禮也。言下達者，男為上，女為下，取陽倡陰和之義。」清胡培翬《儀禮正義》載：「自納采至請期五禮，皆遣使者行之。」

女方也可主動向男方求婚，往往自謙曰「執箕帚」。秦末呂公對劉邦說：「臣有息女，願為季（劉邦）箕帚妾。」[121] 東漢班昭《女誡》曰：「年十有四，執箕帚於曹氏。」

東晉太尉郗鑑派門生到司徒王導家為女兒求婚，門生回來說：「王氏諸少並佳，然聞信至，咸自矜持，唯一人在東床坦腹食，獨若無聞。」郗鑑說：「正此佳婿邪！」[122] 一打聽，原來是王羲之。這就是「坦腹東床」的故事。

---

[121]　《史記·高祖本紀》，北京：中華書局，1959 年版。
[122]　《晉書·王羲之傳》，北京：中華書局，1974 年版。

明代陳老蓮繪〈王羲之像〉

　　東北地區稱納采為「換盅」、「放定」、「下小茶」、「押婚」、「掛鉤」等。民國二十三年《奉天通志》載:「倘婚議既定,男家將簪珥、布帛之屬,偕媒人至女家行定聘禮。女家設宴,易杯而飲之,俗謂換盅,又曰放定,亦曰定聘禮。錦、義、興城諸縣謂之押婚,又有謂之掛鉤者,其稱尤俚,此即《儀禮》納采之義。」

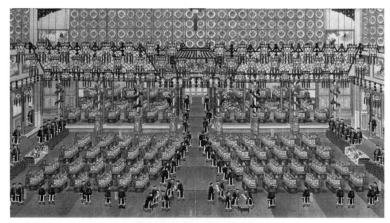

納采禮筵宴圖
選自清代慶寬繪《載湉大婚圖冊》
納采禮成後開始納采筵宴
參加的有內大臣、侍衛、八旗公侯以下滿洲二品、漢二品以上官，
宴後父於外堂

問名

《儀禮・士昏禮》稱：「賓執雁，請問名。」鄭玄注曰：「問名者，將歸卜其吉凶。」問名即男家正式求婚，請媒人執雁問清女方姓氏，本人的名字及出生年、月、日、時等，以回去占卜吉凶。

後來問名擴大到門第、財產、職位、容貌、健康等諸方面。江南舊俗，男家至女家問名，女家將女子年庚八字，裹以紅紙，副以紅米、千年紅，由媒人交付男家。媒人默然不語，持至男家廚房，供於灶神座下。如三日內家中平安，即

請算命者合婚，或求籤占卜。若三日內有碎碗破缽等事，或八字相剋，則藉故將八字退還女家。

東北地區稱問名為「合婚」。民國二十三年《奉天通志》載：「男家介媒氏索女之庚貼，請星士推卜命造，或有互換子女庚貼，互相推卜者，謂之合婚。即《儀禮》問名之義。」

納吉

男家卜得吉兆，備禮通知女家，決定聯姻。《儀禮‧士昏禮》稱：「納吉用雁，如納采禮。」鄭玄注曰：「歸卜於廟，得吉兆，復使使者往告，昏姻之事於是定。」賈公彥疏：「未卜時，恐有不吉，婚姻不定，故納吉乃定也。」

透過納吉，雙方的婚姻關係正式確定。浙江一帶稱「纏紅」、「傳紅」，遼寧海城稱「裝煙」。胡樸安《中華全國風俗志‧下篇卷二‧濟南採風志》載，山東「男家納吉之日，用葷俗菜果盒、麵一盤，上加棗栗、絨花鬆髻等件，謂之油頭粉面，送之女家，多少稱家之有無，謂之『合禮』。此禮最重，雖極貧者，亦不可少」。

納吉
選自清代慶寬繪《載湉大婚圖冊》
圖中皇后（使）至邸第內堂，後母等跪迎
類似於民間男家卜得吉兆，備禮通知女家，決定聯姻

納徵

《儀禮·士昏禮》稱：「納徵，玄纁、束帛、儷皮。」鄭玄注曰：「徵，成也。使使者納幣以成昏禮。」

納徵即今天的下聘禮。周代，庶人用緇帛，士大夫用玄纁、束帛、儷皮。玄是稍微透紅的黑色，纁是淺紅色，玄纁是染祭服的染料。儷皮是成對的鹿皮，婚禮稱「儷皮之禮」，夫妻稱「伉儷」，皆由此而來。

請期

《儀禮・士昏禮》稱：「請期用雁。主人辭，賓許，告期。如納徵禮。」鄭玄注：「主人辭者，陽倡陰和，期日宜由夫家來也。夫家必先卜之，得吉日，乃使使者往。辭，即告之。」

請期即男家卜得吉日，告知女家，徵求意見，有請女方決定之意。民間多由男女雙方共同商定日期，由占卜者卜定為吉日後，送一期帖至女家，或由媒人口頭通知。俗稱為「提日子」、「送日子」等。

親迎

親迎即新郎親至女家迎娶。《儀禮・士昏禮》規定：親迎那一天，新郎穿黑色禮服，乘黑漆車子，前有人執燭前導，後有從車，前往女家迎娶。

先秦時沒有轎，魏晉以後才出現步輦、肩輿等。《晉書・山濤傳》載：「武帝嘗講武於宣武場，濤時有疾，詔乘步輦從。」閻立本的〈步輦圖〉是唐太宗接見吐蕃使臣祿東贊時所乘，構造比較簡單。據清人福格的《聽雨叢談・肩輿》講，五代時，宰相始乘擔（或作簷）子。

五代以後，迎新娘多用花簷子（花轎），新郎騎馬或乘轎，轎用紅綠彩綢裝飾，故稱花轎，並以鼓樂前導。《東京夢華錄》卷五〈娶婦〉講：「至迎娶日，兒家以車子或花簷

子發迎客引至女家門，女家管待迎客，與之彩段，作樂催妝上車簷。」吳自牧《夢粱錄・嫁娶》也說，男方「引迎花簷子或粽簷子、藤轎，前往女家，迎取新人」。後來則演變成用紅綠彩綢裝飾的花轎。現在稱新娘下汽車，也稱「下轎」。

「齊俗不親迎」，是山東婚俗的特色。春秋齊國女子只有來到夫婿家，才能一睹新郎真面目。《詩・齊風・著》稱：「時不親迎也。」其中有「俟我於著（門屏）乎而」、「俟我於庭乎而」、「俟我於堂乎而」的詩句。朱熹解釋說：「婚禮，婿往女家親迎，齊俗不親迎，故女至婿門，始見其俟己也。」

據各地方志記載，近代山東「親迎」、「不親迎」的禮俗交錯存在於同一個地區。如道光二十四年《濟南府志》載：「自章丘以下諸縣猶遵行親迎之典，唯歷城否。歷之邊村僻里亦有行之者，所謂『禮失求諸野也』。」胡樸安《中華全國風俗志・下篇卷二・濟南採風志》講：「齊俗不親迎，間亦有行之者。萊屬之諸城，則守禮不衰，竟有不親迎不得為妻者。」

南宋朱熹的《家禮》合六禮為三禮：納采兼問名，納吉（幣）兼納徵，親迎兼請期，即兩種婚禮的流程合為一次完成。《明史・禮志九》載：「朱子《家禮》無問名、納吉，止納采、納幣、請期。」據各地方志記載，明清時期的士大夫之家多襲用六禮。

上述六禮，除納徵外，其他五禮的禮品都有雁，後來以雞、雉、鶩、鵝替代。《儀禮·士昏禮》中，賈公彥疏曰：「婚禮有六，五禮用雁，納采、問名、納吉、請期、親迎是也，唯納徵不用雁……雁木落南翔，冰泮北徂，夫為陽，婦為陰，今用雁者，亦取婦人從夫之義。」即希望妻子像鴻雁一樣，群飛有序、來去有時、前鳴後和。古代稱提親叫「委禽」，原因也在此。《左傳·昭西元年》載：「鄭徐吾犯之妹美，公孫楚聘之矣，公孫黑又使強委禽焉。」、「強委禽」就是強行提親。

二、合巹（ㄐㄧㄣˇ）、拜舅姑、廟見

到男家後的禮儀比較簡單，《禮記·郊特牲》講：「婚禮不用樂，幽陰之義也。樂，陽氣也，婚禮不賀，人之序也。」《禮記·曾子問》說：「嫁女之家，三夜不息燭，思相離也；取婦之家，三日不舉樂，思嗣親也。」到男家後的儀式，大體可分三步。

（一）合巹

合巹即夫妻「共牢而食，合巹而酳」[123]。牢指祭祀的犧牲，共牢而食是共食一牲，即一頭小豬。古代一個瓠為瓢稱

---

[123] 〈禮記·昏義〉，載《十三經註疏》，北京：中華書局，1980 年影印版。

卺，合卺而酳是各執一瓢酒漱口。《禮記‧昏義》孔穎達疏
曰：「共牢而食者，在夫之寢，婿東面，婦西面，共一牲牢
而同食，不異牲。合卺而酳者，酳，演也。謂食畢飲酒演安
其氣。卺謂半瓢，以一瓠分為兩瓢謂之卺。婿之與婦各執一
片以酳，故云合卺而酳。」

到了宋代，「合卺而酳」發展為喝交杯酒。《東京夢華錄》
卷五〈娶婦〉載：「用兩盞以彩結連之，互飲一盞，謂之交
杯酒。」吳自牧《夢粱錄‧嫁娶》稱「交卺禮」、「命妓女執
雙杯，以紅綠同心結縮盞底，行交卺禮」，然後把兩盞「一
仰一覆，安於床下，取大吉利意」。

（二）拜舅姑

由於古代晚上行婚禮，拜舅姑是在第二天早上，到唐朝
仍然如此。唐朱慶餘〈近試上張水部〉詩：「洞房昨夜停紅
燭，待曉堂前拜舅姑。」

《禮記‧昏義》載：「夙興，婦沐浴以俟見。質明，贊見
婦於舅姑。婦執笲（ㄈㄢˊ，竹器）、棗、栗、腵修（脯加
薑桂曰腵修）以見。贊醴（禮）婦，婦祭脯、醴，祭醴，成
婦禮也。舅姑入室，婦以特豚饋，明婦順也。厥明，舅姑共
饗婦，以一獻之禮奠酬。」

第二天清晨，新娘沐浴更衣，等待拜見舅姑。天亮時，
手捧竹器，內盛棗、栗、腵修，至舅姑處所行拜見禮。然後

新婦用脯、醢，醴祭祀。舅姑進門後，新婦獻上禮物，還要洗淨手給舅姑食一特豚。《禮記·郊特牲》載：「舅姑卒食，婦餕餘。」即待舅姑吃完後，新婦把剩下的吃完，以表示對舅姑的孝養。舅姑食用後，共同「饗婦以一獻之禮」。古代以酒食慰勞日饗，即舅姑向新婦進酒，感謝她的拜獻。如果新婦是庶子之婦，則沒有饗婦之禮，派人送酒給新婦喝就行了。《儀禮·士昏禮》載：「庶婦，則使人醮之。」在親迎前，父親也要為兒女醮酒。《禮記·昏義》稱：「父親醮子而命之迎。」《儀禮·士昏禮》稱：「父醴女而俟迎者。」古代飲酒，主人勸酒日「酬」，客人回敬日「酢」，酌不酬酢日「醮」。所以，後來寡婦改嫁稱「再醮」，典出於此。

清代佚名繪〈新郎拜長輩圖〉

送喜盒
選自《清國京城市景風俗圖》
民間結婚前送禮的情景

清代佚名繪〈新人拜高堂圖〉

清代佚名繪〈新郎拜長輩圖〉

　　唐朝賈公彥《儀禮‧士昏禮》疏曰：「棗、栗，取其早自謹敬，腶修取其斷斷自修正，是用棗、栗、腶修之義也。」出於古代生育型的婚姻價值選擇，後來無論是拜舅姑，還是婚禮的其他環節，均轉義為「早立子」了。清人王士禛《池北偶談》稱：「齊俗娶婦之家必用棗、栗，取『早立子』之義。」

乾隆十八年《博山縣志》[124] 載：「嫁女妝奩內多貯棗栗，謂早立子也。按古禮，婦人執贄必用棗、栗，棗音與早同，取夙興之義；栗取慎慄之義。事同說異，特後人傳訛耳。」

明清民國時期拜舅姑，新婦要帶自己的針線活送給舅姑和家人。

民國二十六年的遼寧《海城縣志》載：「新婦拜祖先及舅姑，以次拜宗族前輩，俗謂『分大小』，即質明見舅姑禮也。新婦以女紅獻舅姑（即枕頭頂、腰搭、荷包之屬），舅姑分贈戚友，謂之『散箱』。」

民國二十六年遼寧《桓仁縣志》載，當地流傳新婦婚前做鞋的歌謠：「做新鞋，仔細算，公兩雙，婆兩雙，丈夫兩雙我兩雙，剩下兩雙壓櫃箱。」

民國三年山東《慶雲縣志》[125] 載：「新婦進枕履、巾囊諸物於舅姑，曰『送針線』，合家大小及戚族近者皆送。」

（三）廟見

廟見即新婦拜祭夫家的宗廟，一般在三個月後舉行。《儀禮·士昏禮》載：「婦入三月，然後祭行。」

---

[124] 丁世良、趙放主編：《中國地方志民俗資料彙編》華東卷上引，北京：書目文獻出版社，1995 年版，第 101 頁。

[125] 〈海城縣志〉、〈桓仁縣志〉、〈慶雲縣志〉，載丁世良、趙放主編：《中國地方志民俗資料彙編》東北卷第 67、98 頁，華東卷上第 155 頁，北京：書目文獻出版社，1995 年版。

南宋朱子《家禮》改為三日廟見。《東京夢華錄》卷五〈娶婦〉載，宋代結婚當日即到家廟參拜。明代民間婚禮按洪武三年（西元 1370 年）詔令，拜公婆與拜祖先一併於親迎的第二日舉行，庶子之婦則不須行廟見禮。到民國時期，廟見禮仍然存在。

安徽《黟縣四志·地理志》載：「婚禮三朝，夫婦同至宗祠拜祖，即婦人廟見之禮俗。」

民國二十四年山東《德縣志》[126] 載：「三日拜翁姑已，由姑率新婦見於廟，拜祖先。」

先秦時期，新婦沒廟見而死亡，則由男家盛殮，歸葬女方祖塋，作「未成婦」看待。下葬時，其夫不能執杖及送葬，木主也不能進入男家宗祠。《禮記·曾子問》載：「女未廟見而死，則如之何？」孔子曰：「歸葬於女氏之黨，示未成婦也。」

沒廟見前，丈夫可隨時將新婦遣送回娘家。所以，婦家送新娘的車馬一直留在夫家，隨時準備將遭廢黜的女兒接回，以表示自謙。《戰國策·齊策四》載，趙太后的女兒出嫁燕國為燕后，時刻擔心被遣回，每祭祀總是禱告「必勿使反」，由此可見，這種遣返率是很高的。

---

[126]　丁世良、趙放主編：《中國地方志民俗資料彙編》華東卷上引，北京：書目文獻出版社，1995 年版，第 113 頁。

　　廟見後，男方使人將車馬送回，叫做「反馬」，讓女方父母吃個定心丸。《左傳·宣公五年》載：「冬，來反馬也。」孔穎達疏曰：「禮，送女適於夫氏，留其所送之馬，謙，不敢自安於夫。若被出棄，則將乘之以歸，故留之也。至三月廟見，夫婦之情既固，則夫家遣使反其所留之馬，以示與之偕老，不復歸也。」

　　按當時禮制規定，新婦剛出嫁後是不能回娘家探望的，叫做「女安夫之家」[127]。更不能越境回娘家，「婦人既嫁，不逾竟（境）」[128]。「反馬」時，新婚夫婦也不能親自去。齊大夫高固娶魯宣公的女兒叔姬，九月親迎，冬月和叔姬一同「反馬」。《春秋·宣公五年》譏刺他這種非禮行為，故意稱「子叔姬」，而不稱「高叔姬」，意思是只承認是魯宣公的女兒，不承認是高固的妻子。

　　先秦時期，國君的女兒、夫人已有歸寧的風俗，但不是在新婚之時。《左傳·莊公二十七年》載：「冬，杞伯姬來，歸寧也。凡諸侯之女，歸寧曰來，出曰來歸，夫人歸寧曰如某，出曰歸於某。」孔穎達疏曰：「歸寧者，女子既嫁，有時而歸問父母之寧否。父母沒，則使卿歸問兄弟也。」

---

[127]　〈左傳·桓公十八年〉杜預注，載《十三經註疏》，北京：中華書局，1980年影印版。

[128]　〈穀梁傳·莊公二年〉，載《十三經註疏》，北京：中華書局，1980年影印版。

後來新婦結婚不久就可以「歸寧」、「回門」，就是由
「反馬」流變出來的。

民國二十三年的《奉天通志》載，結婚「越四日或七
日，女家接女並婿，宴饗而歸，謂之『回酒』，亦曰『回
門』，即古反馬之義。」

民國二十四年北京《懷柔縣新志》[129]：「嫁至夫家，
一月歸寧，謂之『反馬』。」

三、兩漢婚禮的變異

先秦時期的婚禮較為簡約，親迎前的五禮只是反映了雙
方互相磋商的過程。兩漢時期，社會經濟有了長足的發展，
人們不再滿足古板而沉悶的舊式婚禮，不願偷偷摸摸地「昏
時行禮」，不再固守婚禮「不樂不賀」的古訓，不僅追求婚
禮的豪華鋪張、大操大辦，而且製造婚禮喧嚷紛鬧的喜慶
色彩。

（一）婚禮的繁文縟節、聘禮的規格急遽更新

從漢代開始，帝王、富貴之家帶頭，上行下效，以致惡
性循環、愈演愈烈。

---

[129] 〈奉天通志〉、〈懷柔縣新志〉，載丁世良、趙放主編《中國地方志民俗資料
彙編》東北卷第6頁、華北卷第18頁，北京：書目文獻出版社，1995年版。

漢惠帝娶魯元公主之女，「聘黃金二萬斤」，後漢桓帝納梁皇后「悉依孝惠皇帝納后故事，聘黃金二萬斤，納采，雁、璧、乘馬、束帛，一如舊典」[130]。王莽進「杜陵史氏為皇后，聘黃金三萬斤，車馬、奴婢、雜帛、珍寶以鉅萬計」[131]。

《潛夫論·浮侈篇》說：「富貴嫁娶，車軿各十，騎奴侍僮夾轂節引，富者競欲相過，貧者恥不逮及。」

漢宣帝以後，結婚要大擺宴席。《漢書·宣帝紀》載，五鳳二年（西元前56年）詔曰：「夫婚姻之禮，人倫之大者也；酒食之會，所以行禮樂也。今郡國二千石或擅為苛禁，禁民嫁娶不得具酒食相賀召。由是廢鄉黨之禮，令民亡所樂，非所以導民也。《詩》不云乎：『民之失德，乾餱以愆。』勿行苛政。」

地方官「禁民嫁娶不得具酒食相賀」，正符合婚禮「不樂不賀」的古禮，在這裡被說成是「苛政」了。由於結婚大擺筵席是皇帝倡導，自然就迅速蔓延了。

漢代開始，姑娘出嫁要陪送妝奩。西漢卓文君和司馬相如之所以開酒店，就是為了爭得妝奩。其父卓王孫被迫陪送的妝奩是僮百人、錢百萬，還有第一次出嫁時的衣被財物。

---

[130]　《後漢書·懿獻梁皇后紀》，北京：中華書局，1965年版。
[131]　《漢書·王莽傳下》，北京：中華書局，1962年版。

西漢少君嫁給鮑宣，「裝送資賄甚盛」。東漢馬融「家世豐豪」，其女嫁給袁隗，「裝遣甚盛」，因此受到袁隗的奚落。

秦朝由於兵役徭役繁重，不養活男嬰，有「生男慎勿舉」的民謠。到了漢代，社會風氣為之一變，閨女養大了，再陪上錢財嫁到別人家，養閨女是賠錢貨的觀念開始產生，世人多不舉女嬰。

《漢書·王吉傳》載：「聘妻送女亡節，則貧人不及，故不舉子。」此處的「子」，即是女。

《漢書·外戚傳》載，漢成帝皇后趙飛燕，「初生時，父母不舉，三日不死，乃收養之」。

《顏氏家訓·治家》載：「世人多不舉女，賊行骨肉。」、「吾有疏親，家饒妓媵，誕育將及，便遣閽豎守之。體有不安，窺窗倚戶。若生女者，輒持將去，母隨號泣，莫敢救之。」這種棄嬰現象開始於漢代，該篇引東漢陳蕃語說：「盜不過五女之門。」即有五個閨女的人家陪送妝奩都陪光了，肯定窮，強盜都不去。

民國二十年遼寧《義縣志》載：「娶個媳婦滿屋紅，賠送姑娘滿屋空。」

民國十八年的河北《新河縣志》載民間諺語說：「兒子是柴火（財貨）堆，閨女是賠錢貨。」、「一個閨女三輩子害。」

民國二十年河北《遷安縣志·謠俗篇》載：「杜梨樹，開白花，養活閨女是白搭。」

民國二十四年河北《晉縣志料》載：「三女不富，三子不貧。」[132]

（二）製造喧囔紛鬧的喜慶色彩 —— 鬧新房、聽房、蓋頭巾

鬧新房產生於兩漢，也叫鬧房、吵房、戲婦，是指新婚之夜，親朋畢聚洞房中，嬉鬧新婚夫婦的活動。

東漢仲長統的《昌言下》載：「今嫁娶之會，捶杖以督之戲謔，酒醴以趣之情慾。宣淫佚於廣眾之中，顯陰私於族親之間。汙風詭俗，生淫長奸，莫此之甚，不可不斷者也。」

東晉葛洪《抱樸子·外篇·疾謬》載：「俗間有戲婦之法，於稠眾之中，親屬之前，問以醜言，責以慢對，其為鄙瀆，不可忍論。或蹙以楚打，或繫腳倒懸，酒客酗醟（ㄩㄥ丶），不知限齊，至使有傷於流血，踒折支體者。」

清末《點石齋畫報》上有則新聞，新郎見新娘被眾人調笑，一怒之下，舀起一勺糞朝眾人潑去。至今各地都有鬧新房的風俗，無論長輩、晚輩都可參與，叫做「新婚三日無大小」。

---

[132] 〈義縣志〉、〈新河縣志〉、〈遷安縣志·謠俗篇〉、〈晉縣志料〉，載丁世良、趙放主編《中國地方志民俗資料彙編》東北卷第 213 頁，華北卷第 510、229、94 頁，北京：書目文獻出版社，1995 年版。

　　由於鬧房「宣淫佚於廣眾之中，顯陰私於族親之間」，破壞夫妻相敬如賓的禮儀氛圍，在齊魯禮儀之邦的流行不及南方各省分嚴重。近人胡樸安發現，山東「新人入門後，凡賀客登堂者皆不令見，入夜母送子入房，親友概不得入，故無南省鬧房惡習，此風最佳」[133]。直到今天，山東雖也有「新婚三日無大小」的俗語，鬧惡作劇過頭的較少。

　　鬧房常要到深更半夜，也有的通宵達旦。鬧房結束後，仍有一些調皮的人在窗外竊聽新婚夫婦的言語與動靜，以為笑樂，叫「聽房」。東漢袁隗和馬融之女新婚之夜的對話，都被人聽去了。《後漢書·列女傳》載：

　　（袁）隗問之曰：「婦奉箕帚而已，何乃過珍麗乎？」對曰：「慈親垂愛，不敢逆命。君若欲慕鮑宣、梁鴻之高者，妾亦請從少君、孟光之事矣。」隗又曰：「弟先兄舉，世以為笑。今處姊未適，先行可乎？」對曰：「妾姊高行殊邈，未遭良匹，不似鄙薄，苟然而已。」又問曰：「南郡君（馬融）學窮道奧，文為辭宗，而所在之職，輒以貨財為損，何邪？」對曰：「孔子大聖，不免武叔之毀；子路至賢，猶有伯寮之愬（譖）。家君獲此，固其宜耳。」隗默然不能屈，帳外聽者為慚。

---

[133]　胡樸安：《中華全國風俗志·下篇》卷二〈山東·濟南採風志〉，鄭州：中州古籍出版社，1981 年版。

　　《世說新語·假譎》載：「魏武少時，嘗與袁紹好為游俠，觀人新婚，因潛入主人園中，夜叫呼云：『有偷兒賊！』青廬中人出觀，魏武乃入，抽刃劫新婦，與紹還出。」這裡既有聽房，又有「抽刃劫新婦」的鬧房活動。

　　魏晉南北朝時，新娘結婚開始戴蓋頭巾。上述「以紗縠蒙女氏之首」，即蓋頭巾。唐朝段成式《酉陽雜俎》卷一〈禮異〉載，北朝婚俗，「女將上車，以蔽膝覆面」。南朝新娘則以絲製的紅巾和卻扇遮羞。《世說新語·假譎》載，溫嶠「既婚，交禮，女以手披紗扇，撫掌大笑曰：『我固疑是老奴，果如所卜。』」南朝梁何遜〈看伏郎新婚詩〉云：「何如花燭夜，輕扇掩紅妝。」

　　《資治通鑑·中宗景龍二年》記載，除夕夜，唐中宗聲稱為御史大夫竇從一完婚，內侍引新娘出，以金縷羅扇遮面，與竇從一對坐。中宗命竇從一朗誦〈卻扇詩〉數首，待拿開卻扇一看，原來是中宗韋皇后的老乳母王氏。胡三省注曰：「唐人成婚之夕，有〈催妝詩〉、〈卻扇詩〉，李商隱代董秀才〈卻扇詩〉云：莫將畫扇出帷來，遮掩春山滯上才。若道團圓是明月，此中須放桂花開。」

四、催妝、餪（ㄋㄨㄢˇ）女、拜堂 —— 婚禮的進一步演變

唐朝段成式《酉陽雜俎》卷一〈禮異〉載：「北朝婚禮，青布幔為屋，在門內外，謂之青廬，於此交拜。迎婦，夫家領百餘人，或十數人，隨其奢儉，挾車俱呼：新婦子，催出來！至新婦登車乃止。」可知催妝婚俗起自南北朝的北方游牧民族，在門前用青布幔搭成帳篷，新娘在裡面化妝，男方帶人來迎娶時在帳篷外大叫，直到新娘出來上車為止。

唐宋時期，催妝被吸收到漢族婚俗中來，挾車高呼變成了高雅的催妝詩。唐詩中有不少催妝詩，如陸暢〈雲安公主下降奉詔作催妝詩〉：

　　雲安公主貴，出嫁五侯家。天母親調粉，日兄憐賜花。
　　催鋪百子帳，待障七香車。借問妝成未，東方欲曉霞。

為了讓新娘盡快化妝，結婚前幾日還要送彩緞、頭面和化妝品。南宋吳自牧《夢粱錄》卷二十〈嫁娶〉載：「先三日，男家送催妝花髻，銷金蓋頭，五男三女花扇、花粉、洗項、畫彩錢果之類。」

餪女即舊志所稱之「餪敬」，又稱暖女，民間叫送小飯、送大飯。

乾隆二十七年山東《樂陵縣志》載：「女家具水角

（餃）、麥麵，謂之『送小飯』。二日拜家廟及翁姑與夫家
之尊長，女家送酒饌進舅姑前，舅姑饗之，謂之『送大
飯』。」

　　道光十二年山東《商河縣志》亦有「婦家具饌於舅姑
前」的記載。其中的按語更為詳細：「結婚之第一日，女
家遣女眷二人以餚饌來，謂之『送小飯』。當夕，女家之尊
輩以合餅來，謂之『送晚飯』。次晨，女家又遣女眷以麵食
來，謂之『送早飯』，俗稱『送梳妝面』。是午，女之父母及
眷屬以餚饌來，謂之『送大飯』，亦稱『餪飯』，即舊志所稱
之『餪敬』。」

　　拜堂之俗開始於唐朝，唐朝詩人王建〈失釵怨〉云：
「雙杯行酒六親喜，我家新婦宜拜堂。」據《東京夢華錄》
卷五〈娶婦〉載：「次日五更，用一卓（桌），盛鏡臺鏡子
於其上，望堂展拜，謂之『新婦拜堂』。」後來的拜堂又稱
「拜天地」、「拜花堂」、「拜高堂」，把舉行婚禮時拜天地、
拜祖先、拜舅姑、夫妻對拜通通稱為拜堂。

　　從漢代婚禮變異以來，在男家舉行的儀式越來越繁複多
樣，《東京夢華錄》卷五〈娶婦〉和吳自牧《夢粱錄》卷
二十〈嫁娶〉均詳細記載了這些細節。

　　結婚前一日，女家先來掛帳，鋪設房臥，謂之「鋪
房」。男家用車或花簷子將新娘接來，新婦下車，有陰陽人

執斗，內盛穀豆錢果，望門而撒，小兒輩爭拾之，謂之「撒豆穀」。新婦入門，踏青布條或氈席，不得踏地，入房中坐床上，謂之「坐富貴」。送新婦的客人急飲三杯而返，謂之「送走」。新郎於床前請新婦出，兩家各出一彩緞，綰一同心，謂之「牽巾」，男掛於笏，女搭於手，男倒退，女前行，面對面而出，到家廟參拜。回房後，有婦人以金錢彩果撒擲，謂之「撒帳」。接著是「合髻」、喝交杯酒。交杯酒是用彩絲把酒杯連在一起，每人喝一杯。第二天五更，拜堂，拜尊長親戚，新婦獻上彩緞或自己做的鞋襪，謂之「賞賀」。尊長親戚復回一匹彩緞，謂之「答賀」。第二日或三日、七日，新郎參拜婦家，謂之「回門」。三日，女家攜禮物前來作會，謂之「暖女」。七日，女家接女歸，男家送彩緞頭面，謂之「洗頭」。一月後，大會相慶，謂之「滿月」。

這些記載，大體具備了近現代婚禮的雛形。「百里不同風，千里不同俗」，由於民族和地區不同，婚禮的花樣、程式雖各不相同，卻都大同小異。

● 第四節
婚姻禁忌

婚姻禁忌指雙方聯姻或婚姻生活中的種種禁例。

一、同姓不婚

在實行族外婚時，人們已經了解到近親婚配的害處，開始加以限制。

《左傳·僖公二十三年》稱：「男女同姓，其生不蕃。」

《國語·晉語四》載：「同姓不婚，惡不殖也。」

《魏書·高祖紀上》載：「夏殷不嫌一族之婚，周世始絕同姓之娶。」夏商時期還有同姓成婚的存在，從周代開始，認為同姓為婚是似於禽獸的亂倫行為，從制度上嚴禁同姓為婚。《太平御覽》卷五四一〈禮儀部一九·婚姻上〉引《禮外傳》：「夏殷五世之後則通婚姻，周公制禮，百世不通，所

以別禽獸也。」

《禮記·坊記》載：「娶妻不娶同姓，以厚（遠）別也，故買妾不知姓則卜之。」

《禮記·郊特性》載：「娶於異姓，所以附遠厚別也。」

《白虎通·嫁娶》載：「不娶同姓者，重人倫，防淫泆，恥與禽獸同也。」

《唐律·戶婚律》規定：「諸同姓為婚者各徒二年，緦麻以上，以奸論。」

歷史上的「秦晉之好」，就遵守了同姓不婚的原則，秦國是嬴姓，晉國是姬姓。晉獻公嫁女給秦穆公，秦穆公嫁女給做人質的晉惠公夷吾的太子圉，後來即位為晉懷公。秦穆公以宗女五人嫁晉公子重耳，並以原太子圉之妻為重耳媵妾。《左傳·僖公二十四年》載：「晉侯（文公）逆夫人嬴氏以歸（秦穆公女文嬴也）。」這種同姓不婚是嚴格的，但並不科學。比方中國婚俗中的姑舅、兩姨親，不是同姓，卻是近親。

儘管法律是這樣，仍有同姓婚配者。就連最尊崇周禮的魯國魯昭公也曾娶同姓的吳女。《左傳·哀公十二年》載：「昭公夫人孟子卒。昭公娶於吳，故不書姓。」《論語·述而》中，陳司敗指責說：「君取於吳為同姓」、「君而知禮，孰不知禮？」

　　齊國同姓為婚者更不稀罕。《左傳‧襄公二十五年》載，齊國大夫崔杼欲娶東郭偃的姐姐棠姜，東郭偃說：「男女辨姓，今君出自丁，臣出自桓，不可。」[134] 東郭偃的意思是，您是齊丁公的後代，我是齊桓公的後代，都是姜姓，不可以通婚。崔杼堅持娶了棠姜。

　　齊國慶舍把女兒嫁給同宗盧蒲癸，有人對盧蒲癸說：「男女辨姓，子不闢宗，何也？」盧蒲癸回答說：「宗不餘闢，餘獨焉闢之？賦詩斷章，余取所求焉，惡識宗？」[135] 盧蒲癸的意思是說，同宗都不避我，我為什麼避同宗？就好像詩賦斷章取義，我管它同宗不同宗？

　　到了清雍正時，始把同姓和同宗分開，婚姻只禁同宗，不禁同姓。

　　那麼，什麼是「宗」呢？根據《史記‧五宗世家》司馬貞索隱，「同母者為宗也」。漢景帝 14 子，除漢武帝外，其他 13 子為王，分別是 5 個母親生的，分成 5 個宗，司馬遷把他們歸於「五宗世家」。

　　《大清會典事例‧刑部‧戶律婚姻》載：「凡同姓為婚者，各杖六十，離異。」雍正八年（西元 1730 年）定例：

---

[134]　〈左傳‧襄公二十五年〉，載《十三經註疏》，北京：中華書局，1980 年影印版。

[135]　〈左傳‧襄公二十八年〉，載《十三經註疏》，北京：中華書局，1980 年影印版。

「或於名分不甚有礙者,聽各該原問衙門臨時斟酌。議奏,其姑舅、兩姨姊妹為婚者,聽從民便。」雖對同姓結婚弛禁,但嚴禁同宗:「凡娶同宗無服之親,及無服親之妻者,各杖一百。」

與同姓不婚相聯繫的還有「譏娶母黨」,即不能娶母家宗族的女子。中表不婚,即兄妹、姐弟、姊妹及堂兄弟姊妹的子女不能互相婚配。實際上民間風俗並非如此,像姑舅親、兩姨親等,相當盛行,南宋詞人陸游和唐琬就是姑舅親。

20世紀初,胡樸安指出,山東鄒縣「其有風之陋者……如姑舅兄妹成親、母女配父子、夫贅婦家,名曰『鉤拐』,為之養老管業。」[136]

二、士庶不婚

魏晉南北朝以前,中國婚姻的門第觀念並不太嚴重,沒有士族、庶族的區別,僅有「齊大非耦」、「辭霍不婚」的說法。

《左傳·桓公六年》載,齊僖公想把女兒文姜許給鄭太子忽,被謝絕了。別人問其故,太子忽說:「人各有耦(偶),齊大,非吾耦也。」舊時因用「齊大非耦」表示門第不當,不敢

---

[136] 《中華全國風俗志·下篇》卷二〈山東·鄒縣之婚禮〉,鄭州:中州古籍出版社,1981年版。

高攀而辭婚。南朝蕭道成為兒子向桓閎求婚，桓閎推辭說：「辭霍不婚，常所嘉揖。齊大非偶，所以不敢承殊眷。」[137]

「辭霍不婚」的是西漢京兆尹雋不疑，大將軍霍光想把女兒嫁給他，雋不疑「固辭不肯當」。《文選・彈事》載，南朝沈約說：「齊大非偶，著乎前誥；辭霍不婚，垂稱往烈。」

自魏晉士族門閥制度形成後，士族和庶族保持嚴格的界限，不通婚共坐。尤其是東晉南朝的王謝家族，實際上構成了一個強強聯合的婚姻集團，能高攀上這二姓的，僅有郗氏、衛氏、袁氏、庾氏、羊氏等屈指可數的士族高門。如果士族屈尊與庶族聯姻，就要受到社會輿論的指責。

南朝齊富陽富人滿璋之以五萬錢為聘禮送東海王源，為兒子求婚，王源將女兒嫁給滿氏。御史中丞沈約竟上書彈劾王源，說「王滿連姻，實駭物聽」，並奏請「免源所居官，禁錮終身」[138]。

東魏大將侯景叛降南朝梁，被封為河南王、大將軍，門第不算不高。他要娶王、謝家的女兒，梁武帝拒絕說：「王謝高門，非偶，可於朱（異）張（綰）以下訪之。」氣得侯景咬牙切齒，說：「會將吳兒女以配奴！」[139]

---

[137] 《太平御覽》卷五四一〈禮儀部二〇・婚姻下〉引吳均《齊春秋》，北京：中華書局，1960 年影印版。

[138] （南朝梁）蕭統：《文選》卷四〇〈彈事〉，上海：上海古籍出版社，1992年版。

[139] 《南史・侯景傳》，北京：中華書局，1975 年版。

甚至士族變成了窮光蛋、殘廢，也不肯屈尊。

南朝陳太原王氏的王元規 8 歲喪父，家道中衰，投靠臨海郡的舅舅。當地土豪劉瑱家資鉅萬，想把女兒嫁給他。王元規表示：「姻不失親，古人所重，豈得苟安異壤，輒婚非類。」[140]

北朝士族博陵崔辨的孫女眇一目，沒有求婚的，準備降低門第，嫁給庶族。崔辨之女哭著說：「豈令此女屈事卑族！」[141] 讓兒子李翼娶了自己的姪女。

隋唐時期，以王謝為代表的江南士族衰落了，而北方清河（今山東武城）崔氏、博陵（今河北安平）崔氏、范陽（今河北涿州市）盧氏、趙郡（今邯鄲）李氏、隴右（今甘肅）李氏、滎陽鄭氏、太原王氏等五大姓，仍堅持不與庶族通婚，逼不得已，則多要陪門財，甚至連皇族李氏也不放在眼裡。房玄齡、魏徵、李世勣等都以能和上述五大姓聯姻為光榮。唐高宗時的宰相薛元超，自認為平生有三恨：「始不以進士擢第；不娶五姓女；不得修國史。」[142] 和五大姓聯姻，竟與進士擢第相提並論，可見當時婚姻門第觀念之重。《資治通鑑・高宗顯慶四年》載：

---

[140] 《陳書・儒林傳》，北京：中華書局，1972 年版。
[141] 《魏書・催辨傳》，北京：中華書局，1974 年版。
[142] （北宋）王讜：《唐語林》卷四〈企羨〉，上海：上海古籍出版社，1985 年版。

初，太宗疾山東士人自矜門第，婚姻多責資財，命修《氏族志》，例降一等，王妃、主婿皆娶勳臣之家，不議山東之族，而魏徵、房玄齡、李勣家皆盛與為婚，常左右之，由是舊望不減。或一姓之中更分為某房、某眷，高下懸隔。李義府為其子求婚不獲，恨之，故以先帝之旨勸上矯其弊。王戌，詔後魏隴西李寶、太原王瓊、滎陽鄭溫、范陽盧子遷、盧渾、盧輔、清河崔宗伯、崔元孫、前燕博陵崔懿、晉趙郡李楷等子孫，不得自為婚姻，仍定天下嫁女受財之數，毋得受陪門財（胡注：所謂陪門財者，女家門望未高，而議姻之家非耦，令其納財，以陪門望）。然族望為時所尚，終不能禁。或載女竊送夫家，或女老不嫁，終不與異姓為婚。其衰宗落譜，昭穆所不齒者，往往反自稱禁婚家，益增厚價。

這種情況一直持續到唐後期，文宗欲把真源、臨真二公主嫁給士族，對宰相說：「民間修婚姻，不計官品而上閥閱。我家二百年天子，顧不及崔、盧耶？」[143]

另外，唐代「良賤不婚」、「官民不婚」的禁例也比較典型。

五代以來，士族沒有了，等級觀念受到一定的衝擊，「取士不問家世，婚姻不問閥閱」[144]，「娶其妻不顧門戶，直求

---

[143] 《新唐書‧杜兼傳》，北京：中華書局，1975 年版。

[144] 《通志》卷二五〈氏族略第一〉，北京：中華書局，1987 年版。

資財」[145]，富民可憑藉資財和官員聯姻，官民不婚的界限有所縮小。儘管如此，婚姻門當戶對的門第觀念卻依然存留下來。對聯「朱陳百里村非遠，王謝千秋門並高」，就反映了傳統的婚姻門第觀念。

三、居喪不婚

按古代喪服，父母死，子女要服喪三年，不能婚配。在漢文帝以前，甚至帝王舉喪期間，民間也不得嫁娶。漢文帝遺詔：「無禁取婦嫁女。」[146]

《禮記·曾子問》記載了孔子與曾參關於居喪不婚的對話：

曾子問：「婚禮既納幣，有吉日（已請期），女之父母死，則如之何？」

孔子曰：「婿使人弔。如婿之父母死，則女之家亦使人弔。」

曾子問：「親迎，女在途，而婿之父母死，如之何？」

孔子曰：「女改服，布深衣，縞（白或未經染色的絹）總（絹的一種）以趨喪。女在途，而女之父母死，則女反（返）。」

[145]　呂祖謙：《宋文鑑》卷一〇八〈福州五戒〉，上海：上海古籍出版社，1987年版。

[146]　《漢書·文帝紀》，北京：中華書局，1962年版。

曾子問：「除喪則不復婚禮乎？」

孔子曰：「祭，過時不祭，禮也。又何反於初？」

也就是說，喪事結束後，也不能舉行婚禮了。

自隋朝到清朝的法律，都把居父母喪嫁娶列為「不孝」，而不孝是十惡不赦之罪。

四、五不娶

《後漢書·應奉傳》載，應奉勸漢桓帝說：「宜思關雎之所求，遠五禁之所忌。」這裡的「五禁」即「五不娶」。《春秋公羊傳·莊公二十七年》何休注曰：「婦人有七棄、五不娶……喪婦長女不娶，無教戒也；世有惡疾不娶，棄於天也；世有刑人不娶，棄於人也；亂家女不娶，類不正也；逆家女不娶，廢人倫也。」《孔子家語》、《大戴禮記》、《韓詩外傳》、《白虎通》等，亦有相同記載。

（一）喪婦長女不娶。清人陳立在《白虎通疏證·嫁娶》中認為，「喪婦」當為「喪父」。《韓詩外傳》說：「喪婦長女不娶，為其不受命也。」亦即沒有父母的長女缺乏教養，不是理想的擇偶對象。

（二）世有惡疾不娶。《公羊傳·昭公二十年》稱：「何疾爾，惡疾也。」何休注曰：「惡疾謂瘖、聾、盲、癘、禿、跛、傴不逮人倫之屬也。」、「世有惡疾」，應是家裡有這類的

遺傳病。《大戴禮記‧本命篇》講：「有惡疾，為其不共（供）粢盛也。」《孟子‧滕文公下》講：「粢盛不潔，衣服不備，不敢以祭。」黍稷曰粢，在器曰盛，粢盛是祭祀的供品。婦有惡疾會造成粢盛不潔，不能和丈夫一同祭祀宗廟，故不娶。

（三）世有刑人不娶。古代「身體髮膚受之父母，不敢毀傷」[147]，刑法多傷殘肢體的肉刑，毀傷髮膚即為不孝，故世有刑人之家的女兒不能娶。

（四）亂家女不娶。「亂家女」指與小功以上親屬及父親、祖父的妾所生之女。古代認為，這是亂倫行為，故不能娶。

（五）逆家女不娶。「逆家女」指有毆打、謀殺父母、祖父母，殺伯叔父母、姑、兄、姊、外祖父母、丈夫等惡逆行為家庭的女子。因其家不行正直而行頑逆，廢棄尊卑倫理，故不可娶。

五、不露閨房之私

不露閨房之私的夫妻生活禁忌，來自古代男女授受不親的觀念。

《禮記‧坊記》載：「君子遠色以為民紀，故男女授受不親。」

---

[147] 〈孝經‧開宗明義〉，載《十三經註疏》，北京：中華書局，1980 年影印版。

《禮記‧郊特牲》載：「男女有別，然後父子親，父子親然後義生，義生然後禮作，禮作然後萬物安。無別無義，禽獸之道也。」

《禮記‧曲禮上》載：「男女不雜坐，不同椸枷（椸：晾衣服的竹竿。枷：衣架），不同巾櫛，不親授，嫂叔不通問，諸母不漱（浣）裳。」

《禮記‧內則》規定，男子「夜行以燭，無燭則止；女子出門必擁蔽其面」。「道路，男子由右，女子由左」。

魯大夫公父文伯之母敬姜，是恪守「男女授受不親」的楷模。她是季康子的從叔祖母，奶奶和小孫在一起還避什麼「嫌」？可季康子去拜見她，一個在屋內，一個在屋外，不能踰越門檻。

這種男女天隔，授受不親的倫理限制，侵蝕到夫妻生活、夫妻感情當中，形成了許多遏止夫妻感情的倫理規範。

《禮記‧內則》載：「男不言內，女不言外。」婦「不敢懸於夫之楎椸（楎：釘在牆上的椸），不敢藏於夫之篋笥，不敢共湢浴。」

在中國傳統的男女倫理道德看來，夫妻「雙行匹至，似於鳥獸」[148]。夫妻閨房之內的行為，更不能外露，否則即為「淫」。

---

[148] 〈公羊傳‧宣公五年〉何休注，載《十三經註疏》，北京：中華書局，1980年影印版。

《後漢書·皇后紀》載：「王者立后，三夫人、九嬪（昭儀、昭容、昭媛、修儀、修容、修媛、充儀、充容、充媛）、二十七世婦、八十一御，以備內職焉。」後來的皇帝可以佳麗三千，後宮萬人，這些都不算「淫」，但宣露出來卻不行。

魯國公父文伯死，其母敬姜為了使兒子避免好色的名聲，要求兒媳們不准毀哀過度。她按照「寡婦不夜哭」[149]的禮制，朝哭丈夫，夕哭兒子，日程安排得分毫不差。

漢高祖劉邦擁抱戚姬見大臣周昌，漢文帝與慎夫人同坐，《後漢書·皇后紀》譏刺說：「高祖帷薄不修，孝文衽席無辯。」李賢注引《大戴禮》曰：「大臣坐汙穢男女無別者，不曰汙穢，曰帷薄不修。」西漢京兆尹張敞為妻子畫眉，竟遭到大臣們的彈劾，漢宣帝還予以追問，並影響了他的仕途。

在這裡，不僅夫妻間的情愛要遭非議，對死去的配偶表示哀痛、思念，也是違背禮法的。

張敞畫眉
選自《元曲選》

---

[149] 〈禮記·坊記〉，載《十三經註疏》，北京：中華書局，1980 年影印版。

正因如此，夫妻情愛被正人君子視為淫穢、道德淪喪，從而造成了他們對夫妻生活的壓抑感。那些循規蹈矩的腐儒就在這種禁錮中過著不正常、沒有天倫之樂的夫妻生活，每當和妻子耳鬢廝磨之際，總有一種違背禮儀的犯罪感，為了減輕做愛的罪孽，總要默默禱告：「為後也，非為色也！」

夫婦如賓
選自《養正圖解》

這種清規戒律，造成了中國一種畸形的夫妻感情模式，叫做「相敬如賓」。夫妻關係成為賓主關係，只有禮和敬，沒有情和愛，用生分、做作，虛偽的感情裝飾，抑制了真感情的自然流露。

《左傳·僖公三十三年》載，晉大夫臼季看見冀缺在地裡幹活，其妻送飯，「敬，相待如賓」，將他推薦給晉文公，當上了下軍大夫。這件事說明，春秋時期，各國國君都在實行夫妻「相敬如賓」的移風易俗。春秋時期，相敬如賓還是個別現象，到漢代便逐步落實到世俗社會。東漢梁鴻的妻子孟光舉案齊眉，進一步強化了這一觀念。東漢樊英有病，妻子遣女婢問候，樊英鄭重地下床答拜。陳寔怪而問之，樊英說：「妻者齊也，共奉祭祀，禮無不答。」[150]

---

[150]　《後漢書·樊英傳》，北京：中華書局，1965 年版。

舉案齊眉
《博古葉子》插圖
明代陳洪綬繪

《資治通鑑》卷一百九十四〈太宗貞觀六年〉載，唐太宗罷朝回宮怒氣沖沖地對長孫皇后說：「會須殺此田舍翁！」、「魏徵每廷辱我。」長孫皇后「具朝服立於庭」，非常鄭重地說：「妾聞主明臣直，今魏徵直，由陛下之明故也，妾敢不賀！」其實，唐太宗真要殺魏徵，早就殺了，只不過是在後宮說說氣話，釋放一下。但在夫妻相敬如賓的禮制下也不能講此類隨便且「無原則」的話。

從此以後，不僅在大庭廣眾之下，不能和妻子溫存，甚至在閨房之內，在妻子面前，也要裝出一副道貌岸然的正人君子相。在中國叫做「上床為夫妻，下床為君臣」。夫妻隱私更是不能宣露的難言之隱，中國的婚姻蒙上了禁慾主義的陰影，這可能就是中國的「君子好色而不淫」吧。

● 第五節
夫婦雙方的地位

　　古代中國社會男尊女卑，自母系社會結束後，直到消化，其基本趨勢是，社會越發展，婦女的地位越低，對婦女的限制、歧視、摧殘就越嚴重。

　　《尚書·牧誓》載：「牝（母）雞之晨（打鳴），唯家之索（盡，完了）。」

　　《詩·大雅·瞻卬》載：「哲夫成城，哲婦傾城。」

　　《列子·天瑞》載：「男女之別，男尊女卑，故以男為貴。」

　　《論語·陽貨》載孔子語曰：「唯女子與小人為難養也。」

　　上述男尊女卑的觀念是確立夫婦雙方地位的理論基礎。古代也講夫妻齊體，卻是夫唱婦隨，夫榮妻貴等妻子依附丈夫的夫妻一體。《白虎通·嫁娶》講：「妻者齊也，與夫齊體，自天子下至庶人，其義一也。」《禮記·郊特牲》曰：

「故婦人無爵，從夫之爵，坐以夫之齒。」鄭玄注曰：「爵，夫命為大夫，則妻為命婦。」

一、夫妻比天地、君臣、父子

《儀禮·喪服》稱：「夫，至尊也。」

《後漢書·列女傳》注引《儀禮》曰：「夫者，妻之天也。婦人不二斬者，猶不二天也。」

東漢班昭的《女誡》講：「禮，夫有再娶之義，婦無二適之文。故曰夫者天也，天固不可逃，夫固不可離也。」

古人以天為陽，地為陰；君為陽，臣為陰；男為陽，女為陰。《白虎通·五行》講：「地之承天，猶妻之事夫，臣之事君也。」

以上所引，明確闡明，丈夫是天、君、父，妻子是地、臣、子。民間社會講：「夫字天出頭」，也反映了夫妻間的這種地位。

二、夫為主人，妻為財產

古代的婚姻是一種變相的買賣婚，也可叫財婚，妻子在結婚拜堂時，其獨立的人格、人權就被丈夫吸收和取代，成為丈夫的財產。古代妻子稱「夫人」，意指「夫的人」，本身

就有領屬之意。除在上述「典賣婚」所述，妻子可以買賣、典當、做賭注、抵債外，甚至可以殺掉。

丈夫殺妻，在唐代以前皆有罪。後漢中山王劉焉殺姬，「坐削安險縣」[151]，即被削奪了安險縣的封地。南朝梁何鑠有瘋病殺妻，「坐法死」[152]。北魏長孫慮之母嗜酒，其父誤殺其母被囚，長孫慮上書，願代替父親的死罪。孝文帝下詔，「恕其父死罪，以從遠流」[153]。諸侯王殺姬，精神失常殺妻，誤殺其妻，均逃脫不了法律的制裁。

唐以後殺妻者分輕重量刑，其中過失殺妻者勿論。元代以後，妻子與人通姦或謾罵舅姑，殺妻者均無罪。《元史·刑法志三》載：「夫獲妻奸而妻拒捕，殺之無罪。」而《史記·秦始皇本紀》中，秦朝的法律規定則是「夫為寄豭，殺之無罪」、「妻為逃嫁，子不得母」，至少在「男女絜誠」方面是平等的。

這僅僅是法律規定，隨意殺妻者仍不少見。民國二十五年山東《清平縣志》[154]記載諺語說：「你是兄弟我是哥，裝半斤，咱倆喝，喝醉了，打老婆。打死老婆怎麼過？吹鼻撮眼再娶個。」這段民諺本身就反映了打死老婆不償命的舊觀念。

---

[151] 《後漢書·中山王焉傳》，北京：中華書局 1965 年版。
[152] 《梁書·處士·何點傳》，北京：中華書局 1973 年版。
[153] 《魏書·孝感·長孫慮傳》，北京：中華書局 1974 年版。
[154] 丁世良、趙放主編：《中國地方志民俗資料彙編》華東卷上引，北京：書目文獻出版社 1995 年版，第 322 頁。

三、丈夫可納媵（一ㄥˋ）妾

按恩格斯的說法，一夫一妻制「只是對婦女而不是對男子的一夫一妻制，這種性質它到現在還儲存著」[155]。中國古代的主要表現是，丈夫擁有媵、妾、小妻、小婦、旁妻、外婦、雙妻等名目繁多的正妻以外的補充，而妻子同時只能有一個丈夫。

（一）媵

媵，古時指隨嫁，也指隨嫁的人，主要指陪嫁的女人。《公羊傳・莊公十九年》載：「媵者何？諸侯娶一國，則二國往媵之，以姪娣從。姪者何？兄之子也。娣者何？弟也。諸侯一聘九女。諸侯不再娶。」

也就是說，諸侯娶妻，女方要以兄弟之女（姪）和新娘的妹妹隨嫁，還要有女方同姓的兩個國家送女兒陪嫁。這些陪嫁之女，叫做媵。媵非嫡妻，但地位比妾高。

第一，媵可陪同嫡妻一塊享受媒聘的禮遇，妾享受不到。

第二，如果嫡妻死了，媵可以繼為嫡妻。《白虎通・嫁娶》叫做「嫡死媵攝」。《春秋・隱公七年》記載的那個嫁到

[155] 〈家庭、私有制和國家的起源〉，載《馬克思恩格斯選集》第四卷，北京：人民出版社，1972 年版，第 58 頁。

紀國，待年於父母國的叔姬，本來是姐姐伯姬的媵，伯姬死後，叔姬升為嫡妻。

《左傳·文公七年》載，孟孫氏的始祖慶父的兒子公孫敖（孟穆伯），娶莒女戴己和妹妹聲己。戴己卒，公孫敖又要求續娶，莒人以聲己可繼承其姊為嫡妻而拒絕了。

秦漢以後，妹妹陪姐姐出嫁的媵沒有了，媵成為比妾高一級的夫人的稱呼。《唐律疏義》卷二十二〈鬥訟律〉疏文稱：「五品以上有媵，庶人以上有妾。」

（二）妾

妾的稱呼在遠古就有，「聘則為妻，奔則為妾」[156]。古代男女自由交往，一開始都是以「奔」的形式結合。從中我們可以梳理、勾畫出妾發生、演變的脈絡。

上述媒妁婚列舉了魯莊公娶孟任，泉丘女子奔孟僖子的事例。《左傳·昭公四年》還記載了一件類似現在「一夜情」式的婚姻：魯國叔孫豹路過庚宗（今山東泗水東），一位女子管了他一頓飯，住了一宿就走了。後來，那女子領著兒子找到魯國，叔孫豹高興地接受了她。

像這樣沒有媒聘，私下盟誓或「一頓飯」、「一夜情」式的、用「奔」的形式結合的婚姻，有真感情的存在，是遠古

---

[156] 〈禮記·內則〉，載《十三經註疏》，北京：中華書局，1980 年影印版。

男女情愛的自由之花，也是「奔則為妾」的妾。隨著齊魯移風易俗的進行，把新制定的婚姻六禮、拜舅姑、廟見等禮儀都給了由媒妁牽線的嫡妻，而用「奔」的形式自由結合的妾沒這個禮遇。妾從此便每況愈下了，接著便是對她低下的地位的嚴格定位。

《左傳·成公十一年》載，魯宣公的弟媳婦、聲伯之母沒有媒聘，魯宣公夫人穆姜鄙視說：「吾不以妾為姒（妯娌）。」這也難怪，因為自由擇偶是一種陳舊了的風尚，明媒正聘卻是一種時髦的殊榮，穆姜當然要得意了。秦漢以後，妾的自由地位完全消失了，成為丈夫諸多妻子中地位最低的階層。

《釋名·釋親屬》稱：「妾謂夫之嫡妻曰『女君』。夫為男君，故名其妻曰『女君』也。」

《儀禮·喪服》載：「妾之事女君，與婦之事舅姑等。」

《白虎通·嫁娶》載：「妻者齊也，與夫齊體，自天子下至庶人，其義一也。妾者接也，以時接見也。」

這就是說，妾對待丈夫的妻子也要像服侍公婆一樣，其低下的地位有以下表現：

首先，妾在家庭中構不成正當的親屬身分，娘家與夫家也構不成親戚關係。家庭的其他成員以姨娘、姨太太相稱，

妾對長輩、下輩要像僕人一樣呼老爺、太太、少爺、小姐，只有自己親生的子女，才直呼其名。

《紅樓夢》第五十五回：鳳姐有病，王夫人讓探春協理內務。探春生母趙姨娘之兄趙國基死了，按例給銀 20 兩。趙姨娘想讓探春多給點，說讓她拉扯拉扯。探春說：「我拉扯誰？誰家姑娘們拉扯奴才了？」趙姨娘提到舅舅，探春說：「誰是我舅舅？我舅舅年下才升了九省檢點，哪裡又跑出一個舅舅來？」探春只認王夫人為母，稱生母為姨娘；只認王夫人的兄弟為舅舅，親舅舅卻是奴才。

因此，妾死後不能入宗廟，不能與丈夫合葬，有子女者也只能別祭。妾要為夫、妻、長子服喪，而夫、妻、長子不為妾服喪，丈夫只為有子的妾服緦麻。

其次，妾沒有正常的法律地位和獨立的人格。

唐代五品官以上，母親皆有封號。妾的親生兒子當了五品官，不封妾而封嫡母，無嫡母才轉封生母。唐宋法律規定，夫妻殺妾僅處流刑，明清時殺妾，杖一百，徒三年，過失殺妾勿論。

先秦時，妾可殉葬。晉大夫魏顆之父臨終，就要求用自己的妾殉葬。[157]

---

[157]　參見〈左傳·宣公十五年〉，載《十三經註疏》，北京：中華書局，1980 年影印版。

甚至兒子殺妾亦無罪。《新唐書‧嚴挺之傳》載，尚書左丞嚴挺之「獨厚其妾英」，其子嚴武用鐵錘「碎其首」。左右為嚴武開脫：「郎戲殺英。」嚴武理直氣壯地斥責父親：「安有大臣厚妾而薄妻者，兒故殺之，非戲也。」嚴挺之竟然驚奇地稱讚說：「真嚴挺之子！」

至於獨立的人格更談不上，帝王、官僚、文人學士將妾作為財物互相買賣、贈送、交換、賞賜的事屢見不鮮。呂不韋曾將妾送給子楚。唐朝安史之亂時，睢陽守將張巡殺妾以饗軍士。

再次，妾的身分是終生的。《公羊傳‧僖公三年》、《穀梁傳‧僖公十九年》、《孟子‧告子》中，都大聲嫉呼：「無以妾為妻。」西元前 651 年齊桓公在葵丘大會諸侯，訂立盟約：「誅不孝，無易樹子，無以妾為妻。」[158] 即使嫡妻死了，也不能以妾為嫡妻。後來的曹操、孫權、劉備等人，都不惜違背禮制，以妾為妻，頗有點不愛江山愛美人的風流豪氣。這恰恰說明，他們之間難以割捨的愛情。《舊唐書‧杜佑傳》載，唐朝宰相杜佑德高望重，「唯在淮南時，妻梁氏亡後，升嬖妾李氏為正室，封密國夫人，親族弟子言之不從，時論非之」。

妾在中國社會存在時間很長，先秦到民初經久不衰，從

---

[158] 〈孟子‧告子下〉，載《諸子整合》，上海：上海書店，1986 年影印版。

達官貴人到平民百姓都可納妾。《白虎通義・嫁娶篇》載：
「士一妻一妾。」《明會典・刑部律例一》規定：「庶人四十
以上無子，許娶一妾。」1911年7月22號上海《民立報》
的〈東西南北〉欄目講：「中國有三大自由：自由通衢之上
便溺自由；衙署之中賭博自由；殷實之家娶妾自由。」

由於妾在家庭中的地位很低，故古代婦女都謙稱「妾」。

（三）小婦、小妻、下妻、外婦

小婦和小妻同義，在漢代史書中多見。西漢辭賦家枚
乘，娶了一小妻，生子曰皋。歸長安時，小妻不願同去，枚
乘大怒，給兒子留下數千錢。漢代貴家子女亦不恥為小妻。
東漢竇融在西漢末已是軍司馬，封建武男，其妹為王邑小
妻。成帝許皇后姊為淳于長小妻。小妻可不與丈夫相隨，且
貴家亦為之，地位不會太低。

下妻一般為被掠賣者，地位低下。東漢光武帝建武七年
（西元31年）下詔：「吏人遭飢亂及為青、徐賊所略為奴婢
下妻，欲去留者，恣聽之。敢拘制不還，以賣人法從事。」
建武十四年（西元38年）詔：「或依託為人下妻，欲去者，
恣聽之，敢拘留者，比青、徐二州以略人法從事。」[159]

---

[159]　《後漢書・光武帝紀下》，北京：中華書局，1965年版。

外婦類似現在的情婦，是男子鑑於妻子嫉妒，安置在外的旁妻。《漢書‧高五王傳》載：「齊悼惠王肥，其母高祖微時外婦也。」《水滸傳》中，宋江殺死的閻婆惜，也是外婦。

（四）雙妻

雙妻的美稱叫「一鸞二鳳」，俗稱「兩頭大」，現在叫重婚，在古代也是不合法的。《左傳‧桓公十八年》載：「併后、匹嫡、兩政、耦國，亂之本也。」上海《川沙縣志》[160]載：「有妻者又娶處女成婚，禮節與娶妻無軒輊，非若置妾之簡略，美其名曰『兩頭大』，是為重婚，既背人道，又干法紀。」

魏晉始出現雙妻。西晉尚書令賈充先娶妻李氏，因其父李豐犯罪遭株連而徙邊，後李氏遇赦得歸，賈充已娶妻郭氏。晉武帝破例特許賈充置左、右夫人。據《晉書‧禮志中》載，當時因妻家犯罪，又娶後妻者很多，都與前妻破鏡重圓，雙妻成為一時的風尚。東晉陳詵前妻李氏被賊搶走，又娶後妻嚴氏，後李氏歸，陳詵「籍注領二妻」。

雙妻的地位不分上下。賈充死後，李氏女為齊王妃，要求與自己的母親合葬。郭氏的女兒是晉惠帝皇后，不准李氏和父親合葬。直到「八王之亂」時，賈皇后被廢，才讓李

---

[160]　丁世良、趙放主編：《中國地方志民俗資料彙編》華東卷上引，北京：書目文獻出版社，1995 年版，第 23 頁。

氏和賈充合葬。說明雙妻的地位是平等的。魏晉時期是中國「兩頭大」的唯一合法時期，自唐到清，朝廷嚴禁雙妻，雖仍有個別雙妻現象，已是不合法了。

清乾隆時，定兼祧（ㄊㄧㄠ）之法。祧是承繼後嗣，兼祧者不脫離原來的家庭，又過繼給別家作嗣子，即一子頂兩門。雙方家庭都為他娶妻，稱兼祧二妻，亦稱「兩頭大」。從乾隆到道光，朝廷及各地官員鑑於「禮無二嫡」的古制規定，既不承認後娶之妻為正室，也不認為是構成重婚而判決離異，而是將後娶之妻視為妾。道光二十四年（西元1855 年）修訂的《禮部則例》卷五九規定：「如兩房均為娶妻……所娶仍以先聘為妻，後聘為妾。」

女子則絕對不許同時擁有兩個丈夫，即使貴為長公主，甚至是武則天那樣的女皇帝，不僅不能同時嫁二夫，也不能公開設立男寵。南朝宋廢帝劉子業的姐姐山陰公主，曾公開設面首（男妾）30 人，在中國歷史上是絕無僅有的。

四、夫可出妻、婦不得離婚

古代，丈夫對妻子不滿，可以將妻子送歸其父母，叫「出妻」，後來叫休妻，出妻有「七出三不出」的原則，也叫「七棄三不去」。《公羊傳・莊公二十七年》何休注曰：「婦人有七棄、

五不娶、三不去。嘗更三年喪不去，不忘恩也；賤取貴不去，不背德也；有所受無所歸不去，不窮窮也……無子棄，絕世也；淫洗棄，亂類也；不事舅姑棄，悖德也；口舌棄，離親也；盜竊棄，反義也；嫉妒棄，亂家也；惡疾棄，不可奉宗廟也。」

（一）七出之一：不事舅姑

《左傳·襄公二年》載：「虧姑以成婦，逆莫大焉。」基於這一原則，婦不必在舅姑的面前有什麼過錯，只要舅姑不高興，即可出妻。《禮記·內則》稱：「子甚宜其妻，父母不說，出。」意思是，兒子、媳婦非常般配、和睦，但父母不悅，也必須出妻。

《孔子家語·七十二弟子解》載，曾子「其妻以藜（梨）蒸不熟」而出妻。

東漢鮑永因其妻在母親面前叱狗，即以不事舅姑而出妻。南朝劉瓛（ㄏㄨㄢˊ）的妻子王氏，因在牆上釘釘子，有塵土落在隔壁姑的床上，姑不悅，即被劉瓛出掉。

（二）七出之二：無子

孟子講：「不孝有三，無後為大。」[161] 古人娶妻以生子繼宗為目的，「婦無子則出」。不僅父兄可代子弟出妻，甚至門生、朋友也可代為出妻。《後漢書·桓榮傳》注引謝承《後漢書》載，東漢博士桓榮「年四十無子，（何）湯乃去榮妻為更娶，生三子，榮甚重之。」

有許多恩愛夫妻因無子離異，留下了無數遺憾。三國曹植〈棄婦〉詩寫道：「有子月經天，無子若流星。」唐人張籍〈離婦詩〉則更催人淚下，「薄命不生子，古制有分離……無子坐生悲，為人莫作女」，簡直是對封建禮教的一紙控訴書。

（三）七出之三：淫僻

萬惡淫為首，中國男子最不能容忍，最大的屈辱是妻子與人通姦，給自己戴一頂綠帽子。妻子淫僻，不僅要出掉，元代以後甚至可以殺掉。下述三不出的原則，唯獨淫僻一條不在其限。

---

[161] 〈孟子·離婁上〉，載《諸子整合》，上海：上海書店，1986 年影印版。

（四）七出之四：口多言

古代家族幾代同居，婦多言則生是非。《詩·大雅·瞻卬》云：「婦有長舌，維厲之階。」民間諺語曰：「娶婦舌長，家醜必揚。」故東漢班昭的《女誡》以婦言為四德之一。《史記·陳丞相世家》載，陳平遊手好閒，其嫂說：「有叔如此，不如無有。」被其兄出掉。

（五）七出之五：嫉妒

不妒為古代妻子的美德，嫉妒出妻與生子有關。《詩·周南·螽斯》云：「不妒忌，則子孫眾多也。」

《漢書·元后傳》載，漢元后王政君的母親李氏，「以妒去，更嫁為河內苟賓妻」。北魏劉輝尚（娶）蘭陵長公主，「公主頗嚴妒，輝嘗私幸主侍婢有身，主笞殺之」、「請離婚，削除（公主）封位。太后從之」[162]。北魏李安世之妻博陵崔氏，「以妒悍見出」。

從北朝到隋唐，婦女嫉妒蔚然成風，北方父母嫁女，首先教導女兒如何制服丈夫，婦女們紛紛為自由人格和家庭幸福而進行抗爭。《魏書·臨淮王傳》載：「凡今之人，通無準節。父母嫁女，則教之以妒；姑姊逢迎，必相勸以忌。持制夫為婦德，以能妒為女工。」

---

[162] 《魏書·劉昶傳》，北京：中華書局，1974 年版。

　　唐朝以後把婦女嫉妒稱作「吃醋」。唐人劉餗（ㄙㄨ
ˋ）的《隋唐佳話》載，唐太宗欲賜一美人給房玄齡做妾，
房夫人盧氏執意不允。唐太宗派人送給她一杯鴆酒（實則為
醋），盧氏表示「寧妒而死」，端起鴆酒一飲而盡，使唐太宗
聞而生畏。這就是世俗社會稱嫉妒為「吃醋」的典故。

　　在唐人的野史筆記中，「吃醋」有好幾個版本，人物不
同，情節基本一致。據《新唐書・列女傳》載：「玄齡微
時，病且死，謏曰：『吾病革，君年少，不可寡居，善事後
人（後夫）。』盧泣入帳中，剔一目示玄齡，明無它。會玄
齡良愈，禮之終身。」盧夫人在房玄齡病危之際，竟然剔目
明志，如此剛烈的個性，一旦發現丈夫移情別戀，以死抗爭
是極有可能的。

（六）七出之六：惡疾

　　惡疾在上述「五不娶」中已談到。有惡疾遭出的事例，
史傳不多見。《史記・曹相國世家》載，西漢丞相曹參的曾孫
曹時尚平陽公主，「病癘，歸國」，平陽公主改嫁給衛青。這
是男子有惡疾而離異，但女方是皇家的公主。

　　清人王棠在《知新錄》中曾指責，無子、惡疾兩項非
人所願，因此而出妻太殘忍。可見社會上確有因惡疾而出
妻者。

（七）七出之七：盜竊

盜竊除本義外，還包括攢私房。古時同居共財，盜竊和私房即害同居。《禮記·內則》載：「子婦無私貨，無私畜，無私器，不敢私假（借），不敢私與。」接受別人的饋贈也要交給舅姑。

西漢王吉東鄰有棗樹垂至院中，其妻摘了一枚給王吉吃，險些被出掉。東漢李充兄弟六人同居，其妻說：「妾有私財，願思分異。」李充假裝應允，將鄉里內外請來，臨場突然宣布：「此婦無狀，而教充離間母兄，罪合遣斥！」[163]其妻含著眼淚走了。

（八）三不去

三不去即三不出，結合上述《公羊傳》何休注和《孔子家語》的記載，三不去為：嘗更三年喪不去；先貧賤而後富貴不去；有所娶無所歸不去。有這三條之一者，即不能出妻。

（九）離婚觀念的轉變

先秦時期，離婚之風盛行。《韓非子·說林上》載：「為人婦而出，常也；其成居，幸也。」《孔子家語·後序》載：「自叔梁紇始出妻，及伯魚亦出妻，至子思又出妻，故稱孔

---

[163] 《後漢書·獨行列傳·李充傳》，北京：中華書局，1965 年版。

氏三世出妻。」據《禮記・檀弓上》,「三世出妻」的應是孔子、伯魚、子思。孔子的妻子是宋國亓官氏,亓氏後人對此憤然,有「亓孔不婚」之說。上述曾參因其妻「梨蒸不熟」而出妻。《荀子・解蔽》稱:「孟子惡敗而出妻。」自詡通悉禮儀的聖人之家尚且如此,可見出妻風俗的流行了。《漢書・董仲舒傳》載:「公儀子(休)相魯,之其家見織帛,怒而出其妻。」公儀休為官清廉,不奪「園夫紅女」之利,勤於紡織竟成為妻子的缺點而被出掉了。

《韓非子・外儲說右上》記載了兩段戰國吳起出妻的故事。第一段是,吳起要妻子織一條組帶,因織出的尺寸不對而出妻。其妻請娘家兄長說情,兄長說,吳起是法家,「欲以與萬乘致功,必先踐之妻妾然後行之」,你別指望能再進他的家門了。另一段是,吳起要求妻子織一條與樣品同樣的組帶,妻子卻織得比樣品更好,以「違令」而被出。妻父為之講情,吳起說:「起,家無虛言。」這個只顧功業不顧家的吳起,把妻子當作推行軍法軍令的犧牲品了。管仲治齊規定:「士三出妻,逐於境外;女三嫁,入於春穀。」[164] 就是為了遏止隨意出妻的惡俗。

---

[164] 〈管子・小匡〉,載《諸子整合》,上海:上海書店,1986 年影印版。

　　這一陋俗到漢代仍無改觀。〈漢樂府詩〉[165] 曰：「上山採蘼蕪，下山逢故夫。回首問故夫，新人復何如？」由於男子出妻司空見慣，連被拋棄的前妻都認為是理所當然的事了，所以她能以平和的心態問候新人。

　　自宋代開始，視離婚為醜事，視為人離婚為「損陰騭」。士大夫不敢輕言離婚，官吏斷案也多方調解，或逼迫雙方和好，不願判離。

　　北宋司馬光《訓子孫文》載：「今之士大夫有出妻者，眾則非之，以為無行。」

　　北宋程顥《儀禮疏議》載：「今世俗以出妻為醜事，遂不敢為。」

　　《宋會要輯稿‧職官》七二之八，將出妻與賣友相提並論，校書郎奚商衡放罷，「言者論商衡身居清逸，行若市人，出妻賣友，士論嗤鼻，故有是命。」

　　南宋周密《齊東野語》載：「士大夫偶有非理出妻者，將不齒於士類，且被免官。」

　　明人徐咸《西園雜記》載，一姓王的書生在僧舍讀書，一佛僧每晚都看見好像有人打著兩燈籠為王生照明讀書，自王生回了一趟家後便沒有了。佛僧問後方知，王生回家曾為

---

[165]　《太平御覽》卷五二一〈宗親部一一‧出婦〉引，北京：中華書局，1960 年影印版。

親戚代寫過退婚書，讓王生回家索回毀掉。結果晚上燈籠復現，王生後至大司馬塚宰。故事雖屬虛構，但反映的替人代寫退婚書為損陰騭的觀念，卻是真的。

從此，在中國民間，不僅視離婚為醜事，而且視拆散別人的婚姻為缺德。到現在仍有「寧拆十座廟，不破一門親」的俗語。

（十）嫁雞隨雞，嫁狗隨狗

由於夫婦比天地，夫是婦之天，丈夫可以休妻，妻不能離夫。《白虎通·嫁娶篇》講：「夫有惡行，妻不得去者，地無去天之義也。夫雖有惡，不得去也。故《禮記·郊特牲》曰：『一與之齊，終身不改。』悖逆人倫，殺妻父母，廢絕綱紀，亂之大者也。義絕，乃得去也。」即除非丈夫有「悖逆人倫，殺妻父母，廢絕綱紀」等重大犯罪行為，在追究丈夫刑事責任的同時，法律強制解除夫妻關係，妻子才能離婚。

唐宋時期，就有了「嫁雞隨雞，嫁狗隨狗」的諺語。北宋歐陽修〈代鳩婦言〉稱：「人言嫁雞逐雞飛，安知嫁鳩被鳩逐。」兩宋之際莊綽（字季裕）《雞肋編·卷下》稱：「杜少陵（甫）〈新婚別〉云：『雞狗亦得將』，世謂諺云：『嫁得雞，逐雞飛，嫁得狗，逐狗走』之語也。」從此，中國婦女更加失去了基本的人生選擇權，只能任人宰割了。

237

● 第六節
婦道和貞節

　　夫婦雙方的地位、婦道、貞節觀念和寡婦不得改嫁等，在先秦時期不過是儒學家們倡導的理想規範，並沒有落實到世俗社會。從漢代開始，尤其從明代以後，逐漸成為摧殘中國婦女的枷鎖。在中國古代，婦女所受的壓迫、歧視、殘害，是逐步加深的。

一、貞節觀念鬆弛的古代社會前期

　　在中國古代社會前期，婦道和貞節並沒真正落實。春秋時期的中冓之亂相當嚴重，有烝母報嫂的，有搶兒媳婦的，有兄妹淫亂的，有交換妻子的，有君臣同時淫亂的，翻開先秦典籍，比比皆是。

（一）男女淫亂

古代男女淫亂稱作「通」，和母輩發生關係叫「烝」，和嫂嫂、季父之妻及親屬之妻發生關係叫「報」。

《詩‧邶風‧雄雉》是諷刺衛宣公淫亂的詩，孔穎達疏曰：「服虔云：上淫曰烝，則烝，進也，自進上而與之淫也。《左傳》曰：文姜如齊，齊侯通焉。服虔云：傍（旁）淫曰通。言傍者非其妻妾，傍與之淫，上下通名也。〈牆有茨〉云公子頑通於君母；《左傳》曰孔悝之母與其豎渾良夫通，皆上淫也。齊莊公通於崔杼之妻；蔡景侯為太子般娶於楚，通焉，皆下淫也。以此知通者總名，故服虔又云：凡淫曰通，是也。又宣公三年傳曰：文公報鄭子之妃。服虔曰：鄭子，文公叔父子儀也。報，復也。淫親屬之妻曰報，漢律淫季父之妻曰報。」

孔穎達的疏不僅解釋了「烝」、「報」、「通」的含義，還列舉了一系列男女淫亂的事實。

《左傳‧桓公十六年》載：「衛宣公烝於夷姜生急子，屬諸右公子，為之娶於齊（宣姜）而美，公娶之，生壽及朔，屬壽於左公子。」西晉杜預註解說：「夷姜，宣公之庶母也。上淫曰烝。」

這個衛宣公上烝庶母，下搶兒媳。衛宣公死後，齊襄公又強迫衛宣公的庶子公子頑烝於宣姜，生齊子、（衛）戴

公、（衛）文公、宋桓夫人、許穆夫人。《詩·鄘風·牆有茨》就是對公子頑烝宣姜的指責，並稱作是「中冓之言」。庶子「烝」母，生下的子女竟有兩男當上國君，兩女嫁給國君，可見「烝」後母風俗的流行。

搶兒媳的除衛宣公，還有楚平王、魯惠公。楚平王為太子建娶秦女，在費無忌的唆使下自娶了秦女。《史記·魯周公世家》載：「惠公嫡夫人無子，公賤妾聲子生子息（隱公），息長，為娶於宋，宋女至而好，惠公奪而自妻之，生子允（桓公）。」

「報嫂」的風氣也很普遍。魯莊公娶齊女哀姜、叔姜，其弟慶父與哀姜私通，殺公子般而立叔姜生的兒子啟方為閔公。魯莊公的另一個弟弟季友「報」嫂成風，成風是魯莊公之妾，魯僖公之母。慶父之子公孫敖效法其父而過之，為堂兄東門襄仲迎娶莒女，見莒女貌美，索性將嫂嫂占為己有。東門襄仲也不是個「坐懷不亂」的正人君子，魯文公次妃敬嬴是他的姪媳婦，為了立兒子倭為國君，向他投懷送抱，致使東門襄仲殺嫡立庶，擁立倭為魯宣公，叔叔與姪媳婦進行了一場權與色的成功交易。

兄妹淫亂的是春秋齊襄公與文姜。齊僖公有兩個女兒，長女即上述衛宣公夫人宣姜，次女文姜與同父異母的哥哥諸兒（齊襄公）淫亂，後來嫁給了魯桓公。魯桓公十八年（西

元前 694 年），會齊襄公於濼（在今濟南），文姜與哥哥再續舊情，被魯桓公察覺，齊襄公派人把魯桓公勒死在車上。

交換妻子的是齊國大夫慶封和盧蒲嫳、晉國祁氏家臣祁勝和鄔藏。

《左傳·襄公二十八年》載：「齊慶封好田而嗜酒，與慶舍（慶封子）政。則以其內實遷於盧蒲嫳氏，易內而飲酒」。杜注：「內實，寶物妻妾也，移而居嫳家。」、「易內」即交換妻妾。

《左傳·昭公二十八年》云：「晉祁勝與鄔藏通室」。杜預注云：「二子，祁盈家臣也。通室，易妻」。

（二）寡婦改嫁

寡婦改嫁更不稀奇。晉國公子重耳流亡時，準備離開狄國到齊國去，對妻子說：「待我二十五年不來，乃嫁。」其妻說：「犁（比）二十五年，吾塚上柏大矣。雖然，妾待子。」[166] 這說明，重耳擔心，他一離開，妻子就會改嫁。

漢代寡婦再嫁非常普遍。《漢書·張耳傳》云，外黃富家之女與前夫離異後，自願改嫁張耳為妻。陳平之妻是張負的孫女，五次嫁人，第六次改嫁給陳平，而陳平也欣然應允，足見當時人對寡婦改嫁並無什麼異議。

---

[166]　《史記·晉世家》，北京：中華書局，1959 年版。

　　《後漢書・宋弘傳》載，漢光武的姐姐湖陽公主新寡，看中了大司空宋弘。漢光武接見宋弘，讓公主坐屏風後，因謂宋弘曰：「諺言『貴易交，富易妻。』人情乎？」宋弘曰：「臣聞貧賤之知不可忘，糟糠之妻不下堂。」如果不是宋弘恪守夫妻道德，則要拋棄前妻，接納這個改嫁的皇家公主。

　　《新唐書・公主傳》共記載公主211人，改嫁的有27人，其中有3人三嫁者。五代周太祖郭威前後四娶，都是再醮婦。

　　宋代的寡婦也可改嫁。北宋王安石的次子、太常寺太祝王雱，把兒子殺了，還和妻子大吵大鬧。為不使兒媳受委屈，王安石找了個老實人把兒媳嫁了出去。他的學生、工部員外郎侯叔獻死了，其妻魏氏治喪不嚴肅，王安石上疏把魏氏逐回老家。京師流傳諺語說：「王太祝生前嫁婦，侯工部死後休妻。」[167]

　　宋代，兒子長大後，爭著把已改嫁的母親接回來以盡孝道，朝廷一再旌揚，蔚成風氣。南宋奸相賈似道在「兩淮制置大使」任上，也把改嫁的生母胡氏接回來，並把當石匠的繼父沉到江中淹死。文天祥之父文儀過繼給叔父，生母梁夫人改嫁到劉家。文儀成年後，將梁夫人接來奉養。梁夫人死，對文天祥來說，名義是伯祖母，實際是親祖母，文天祥因其已改嫁到劉家，只服心喪，因而遭到政敵的攻擊。

---

[167]　（北宋）魏泰：《東軒筆錄》卷七，北京：中華書局，1983年版。

（三）妻子主動提出離婚

春秋齊相晏嬰車伕的妻子主動提出離婚，頗有趣味。《史記·管晏列傳》載：「晏子為齊相，出，其御之妻從門閒而窺其夫。其夫為相御，擁大蓋，策駟馬，意氣揚揚，甚自得也。既而歸，其妻請去，夫問其故。妻曰：『晏子長不滿六尺，身相齊國，名顯諸侯。今者妾觀其出，志念深矣，常有以自下者。今子長八尺，乃為人僕御，然子之意自以為足，妾是以求去也。』其後，夫自抑損。晏子怪而問之，御以實對。晏子薦以為大夫。」

西漢朱買臣的妻子主動提出離婚。《漢書·朱買臣傳》載：「朱買臣字翁子，吳人也。家貧，好讀書，不治產業，常艾薪樵，賣以給食，擔束薪，行且誦書。其妻亦負戴相隨，數止買臣毋歌嘔道中。買臣愈益疾歌，妻羞之，求去。買臣笑曰：『我年五十當富貴，今已四十餘矣。女苦日久，待我富貴報女功。』妻恚怒曰：『如公等，終餓死溝中耳，何能富貴？』買臣不能留，即聽去。其後，買臣獨行歌道中，負薪墓間。故妻與夫家俱上塚，見買臣飢寒，呼飯飲之。」可知，漢代的妻子不僅能提出離婚，離婚後還可以和前夫往來，而且不用避開自己的新丈夫。

朱買臣

（四）男女幽會

古代稱男女幽會為「桑間濮上之行」、「桑濮」。《禮記·
樂記》載：「桑間濮上之音，亡國之音也。」《漢書·地理志
下》亦載：「衛地有桑間濮上之阻，男女亦亟聚會，聲色生
焉。」

戰國時期，與女子幽會的男子，甚至成為「信」的品格
典範。《莊子·盜跖》載：「尾生與女子期於梁下，女子不
來，水至不去，抱梁柱而死。」《戰國策·燕策一》載蘇秦

語：「信如尾生，廉如伯夷，孝如曾參，三者天下之高行。」
尾生對男女幽會不僅痴情，而且付出了生命的代價，竟然獲
得了社會的廣泛讚譽，與伯夷、曾參齊名。至少說明，當時
男女幽會不是什麼齷齪丟人的事。

（五）女子養情夫

漢武帝之姑館陶公主嫁堂邑侯陳午寡居，50 多歲了，寵
幸 18 歲的董偃，人稱「董君」。漢武帝幸館陶公主住的山
林，剛坐定說：「願謁主角。」董偃「綠幘傅韝（ㄍㄡ）」[168]
見漢武帝。死後，這一對情夫情婦公開合葬於漢文帝的霸
陵旁。

漢昭帝姐姐蓋公主寵幸丁外人。按漢朝的制度，列侯才
可以尚公主，左將軍上官桀父子竟然請求朝廷封蓋公主的情
人丁外人為列侯，遭到執政霍光的拒絕後，又請求封為光祿
大夫。[169] 皇家公主養情夫尚且不避忌社會輿論，民間的風俗
可見一斑。

（六）女子賣淫

恩格斯在《家庭私有制和國家的起源》中，在一夫一妻
制家庭時代才開始使用「賣淫」這個概念，並提到「受國家

---

[168]　《漢書‧東方朔傳》，北京：中華書局，1962 年版。
[169]　參見《漢書‧霍光傳》，北京：中華書局，1962 年版。

保護的賣淫」。在西方，雅典執政官梭倫（西元前 638 – 約前 559 年）首倡了公娼制。雅典藝妓對古希臘文化藝術的發展起過積極的作用。中國的賣淫起源於殷商，據說那些才、情、色、藝兼具的女巫，就是早期的妓女。中國第一個開妓院的是齊桓公和管仲。

《戰國策·東周策》載：「齊桓公宮中七市，女閭七百，國人非之。」

《韓非子·難二》載：「昔者桓公宮中二市，婦閭二百，披髮而御婦人。」

「女閭」、「婦閭」就是當時的國營妓院，聯繫上述齊國掌媒的「合獨」和「九惠之教」，管仲設妓院的目的有四：一為國家增加收入；二為緩解社會矛盾；三為吸引遊士；四為齊桓公娛樂。

民間類似賣淫的現象也很多。《列子·說符》載，晉文公時，「鄰之人有送其妻適私家者，道見桑婦，樂而與言，然顧視其妻，亦有招之者矣。」春秋末年，田氏以後宮美女拉攏賓客士人，「田常乃選齊國中女子長七尺以上為後宮，後宮以百數，而使賓客舍人出入後宮者不禁。及田常卒，有七十餘男」[170]。《漢書·地理志》載，燕趙地區，「賓客相過，以婦侍宿。嫁取之夕，男女無別，反以為榮」。

---

[170] 《史記·田仲敬完世家》，北京：中華書局，1959 年版。

二、三從四德

從倫理觀念上把婦道確立下來，是在兩漢。董仲舒的儒學確立下來後，儒生們開始以禮教裁量婦女的行為。西漢末劉向的《列女傳》，集錄了婦女的佚事，提出了婦女行為的標準，算是首開先例。

東漢班昭開始把歷史上男尊女卑、夫為妻綱、三從四德的觀念系統化、倫理化，寫成了《女誡》[171]，整理成一副枷鎖，套在中國婦女的身上。宋明理學中「餓死事小，失節事大」的名教格言，更進一步把中國婦女推向苦難的深淵。

《女誡》指出：「男以強為貴，女以弱為美……故鄙諺有云：『生男如狼，猶恐其尪（ㄨㄤ，病弱）；生女如鼠，猶恐其虎』。」

《關尹子·三極》載：「夫者倡，婦者隨。」

《後漢書·荀爽傳》載：「鳥則雄者鳴鴝，雌能順服；獸則牡者唱導，牝乃相從。」

這些強調婦女柔弱、順從的說法，是三從四德的依據。

《春秋穀梁傳·隱公二年》記載婦女三從說：「婦人在家制於父，既嫁制於夫，夫死從長子。」

《禮記·郊特牲》載：「婦人，從人者也，幼從父兄，嫁

---

[171]　參見《後漢書·列女傳》，北京：中華書局，1965 年版。

從夫，夫死從子。」

四德即婦德、婦言、婦容、婦功。

《周禮·天官·九嬪》載：「九嬪掌婦學之法，以教九御婦德、婦言、婦容、婦功，各帥其屬而以時御敘於王所。」

《禮記·昏義》講：「古者婦人先嫁三月，祖廟未毀，教於公官；祖廟既毀，教於宗室。教以婦德、婦言、婦容、婦功。」這裡講的是天子、諸侯的同宗之女，和天子諸侯一個祖廟時，女子未嫁前就教於公官，毀廟後，就教於宗室。

由此可知，四德最初是天子、諸侯宮中的妃嬪應該遵守的道德規範，並用來教導同姓親近的女子，經班昭《女誡》的發揮，成為民間女子的普遍規範。在《女誡》中，班昭對四德做了系統的發揮：

> 女有四行：一曰婦德，二曰婦言，三曰婦容，四曰婦功。夫云婦德，不必才明絕異也；婦言，不必辯口利辭也；婦容，不必顏色美麗也；婦功，不必功巧過人也。清閒貞靜，守節整齊，行己有恥，動靜有法，是謂婦德。擇辭而說，不道惡語，時然後言，不厭於人，是謂婦言。盥浣塵穢，服飾鮮潔，沐浴以時，身不垢辱，是謂婦容。專心紡績，不好戲笑，潔齊酒食，以奉賓客，是謂婦功。

由班昭的「不必才明絕異」與其他男強女弱的觀念結合

在一起，婦德慢慢演變成「女子無才便是德」。明朝趙如源《古今女史》載：「婦『無才便是德』似矯枉之言。」許多明清人的著作都引用了這條諺語。由班昭的「盥浣塵穢，服飾鮮潔」、「專心紡績」、「潔齊酒食，以奉賓客」，與「君子遠庖廚」、「男主外，女主內」等觀念的結合，把家務全部推給了妻子。

三、對烈婦的旌揚與貞節觀念的樹立

婦女的貞節觀念和寡婦不能改嫁的觀念，先秦兩漢時就有了。

《周易·恆卦》載：「婦人貞節，從一而終也。」

《禮記·郊特牲》講：「信，婦德也，一與之齊，終身不改，故夫死不嫁。」

《女誡》講：「夫有再娶之義，婦無二適之文。故曰夫者天也，天固不可逃，夫故不可離也。」

《魏書·房法壽傳附房景先傳》肆意詆毀寡婦改嫁是「棄節毀慈，作嬪異門，為鬼他族，神道不全」。最典型的則是北宋理學家程頤的「餓死事極小，失節事極大」[172]。

其實，整個中國封建社會，都沒有寡婦不得改嫁的法律。《隋書·高祖紀》載，開皇十六年（西元 596 年）「詔九

---

[172]　《二程遺書》卷二二下，上海：上海古籍出版社，1992 年影印版。

品以上妻，五品以上妾，夫亡不得改嫁。」這僅僅是對品官妻妾而言，不包括民間寡婦。即便是清代的法律，也是准許寡婦改嫁的。《大清會典・事例・刑部戶律婚姻》載：「康熙十二年題准，凡婦人夫亡之後，願守節者，聽。欲改嫁者，母家給還財禮，准其領回。」

中國第一個貞節烈婦是魯宣公的女兒宋伯（共）姬，嫁宋共公六年而寡，守節 30 年。宋國晚上發生火災，伯姬遵從「傅母不在，宵不下堂」[173] 死，可她眼睜睜地被火燒死。在她看來，貞節的價值遠遠高於生命的價值。

秦漢時期開始旌揚貞節烈婦。《史記・秦始皇本紀》載，秦始皇巡會稽石刻有「有子而嫁，倍死不貞，防隔內外，禁止淫泆，男女絜誠」的詞句。秦朝有個巴蜀寡婦清，「能守其業，用財自衛，不見侵犯。秦皇帝以為貞婦而客之，為築女懷清檯」[174]，是秦始皇樹立的第一個節婦。不過，這個貞婦不僅貞節，還是發家致富，「用財自衛」的女強人。

《漢書・宣帝紀》載，神爵四年（西元前 58 年）詔賜「貞婦順女帛」。

《後漢書・安帝紀》載：「詔賜貞婦有節義穀十斛，甄表門閭，旌顯厥行。」

---

[173] 〈穀梁傳・襄公三十年〉，載《十三經註疏》，北京：中華書局，1980 年影印版。

[174] 《史記・貨殖列傳》，北京：中華書局，1959 年版。

　　這些政策，僅行一時，並沒有連續性。婦女貞節和寡婦守節成為一種不可抗拒的社會風俗，從明朝開始。朱元璋有一道詔令：「民間寡婦三十以前夫亡守志，五十以後不改節者，旌表門閭，免除本家差役。」[175] 理學、朝廷旌表、家族親族貪圖榮利等因素結合在一起，形成了嚴格的寡婦不得改嫁和婦女的貞節觀念。其表現有以下幾方面：

　　第一，貞節烈女的含義發生了變化。明以前的烈女主要指：才行高秀；剛烈的人格自尊；對家庭、丈夫的責任感。明清時期的烈女，主要是生理上不失身。

　　東漢末蔡文姬，初嫁衛仲道，二嫁匈奴左賢王，三嫁董祀。范曄以其「才行高秀」，仍把她列入《後漢書‧列女傳》。到唐宋元時期，對婦女行為是否檢點，是否失身，也不是十分計較。成書於唐朝的《晉書‧列女傳》稱，本篇的撰述原則是：「一操可稱，一藝可紀，咸皆撰錄。」兩宋之際莊綽《雞肋編》卷下記載了一位淮陰節婦。其鄉人與節婦的丈夫一塊經商，貪戀節婦的美色，外出經商時將其丈夫推入水中淹死，丈夫掙扎出水面，指著水泡說：「他日水泡為我作證。」回來後，鄉人對死者的母親、妻子謊稱死者不小心墮水而死，痛哭流涕，為之厚葬。經商所得，一無所取，全用來撫卹婆媳二人。婆婆視鄉人為親子，數年後將節婦嫁

---

[175]　《大明會典》卷七八〈旌表門‧大明令〉，北京：中華書局，1989 年版。

給鄉人，生子女數人，夫妻和睦。一日，天降大雨，鄉人坐簷下望著院中水泡竊笑，被節婦問出根由，節婦遂將殺害前夫的鄉人告到官府，為前夫報了仇。這位節婦大義滅親，勇敢地承擔了對亡夫的責任。

　　元朝脫脫監修的《金史·列女傳》稱：「若乃嫠居寡處，患難顛沛，是皆婦人之不幸也。一遇不幸，卓然能自樹立，有烈丈夫之風，是以君子異之。」在這裡，不是強調寡婦如何遵守婦道，而是「卓然能自樹立，有烈丈夫之風」。因此，他監修的《宋史·列女傳》竟然為妓女毛惜惜立傳：「毛惜惜者，高郵妓女也。端平二年（西元 1235 年），別將榮全率眾據城以叛」，惜惜怒斥叛臣，表示：「妾雖賤妓，不能事叛臣！」因而被殺。《金史·列女傳》附錄了倡女張鳳奴：「天興元年（西元 1232 年），北兵（蒙古兵）攻城，矢石之際，忽見一女子呼於城下曰：『我倡女張鳳奴也，許州破被俘至此。彼軍不日去矣，諸君努力為國堅守，無為所欺也。』言竟，投濠而死。朝廷遣使馳祭於西門。」張鳳奴不僅是烈女，而且是壯烈殉國的烈士。

　　如果按明代人的觀念，蔡文姬（名琰）等人不僅不是貞節烈女，還要口誅筆伐，因為她們失身了。明人郎瑛《七修類稿》卷十五〈義理類·二琰不當入列女傳〉就闡述了這種觀念：「蔡琰，邕女也，初適衛仲道，為胡騎所獲，在胡生

二子，曹操贖歸，再嫁都尉董祀，不特再醮而已也。雖天生知音，能辯琴弦之斷，善書能文，不忘父書之遺，何繫於四德哉？所謂大本已失。」

《明史‧列女列傳》記載的貞節烈婦，主要是三種人：不失身、不改嫁、成冥婚。其中有位節婦張氏，經常教導女兒說，現在倭寇入侵，危急時刻不能失節。井、刀都能以死保全名節。不久，倭寇攻來，女兒毫不猶豫地投井保節，張氏也「含笑隨之，並死」。

清《嘉慶會典事例‧禮部‧風教》載：「康熙十一年（西元 1672 年）議准，強姦不從，以致身死之烈婦，照節婦例旌表，地方官給銀三十兩，聽本家建坊。」嘉慶七年（西元 1802 年）又規定，若強姦已成，暴徒逃遁，其婦「唧冤茹憤，刻即捐軀者」、「照被人調戲，羞憤自盡旌表之例，減半給予。倘死在越日，即行扣除，以示限制」。在這種制度導向下，婦女一旦失身，只有死路一條，而且越快越好。這種重失身、輕人格的觀念，一直籠罩著後來中國婦女的身心。

第二，一座座旌揚貞節烈婦的牌坊拔地而起，管制寡婦的貞節堂相繼興辦，烈婦節婦受到世俗社會愚昧無知的敬仰，寡婦受到地方官府的嚴格管制。

在幅員遼闊的中華大地上，有一類特殊的人文景觀，從繁華城鎮到窮鄉僻壤，到處聳立著一座座雕琢精緻，巍峨高

大的節孝坊。它顯示著文明古國建築、雕刻藝術的高超，又暴露著封建禮教的愚昧殘忍。能工巧匠們為它付出的只是技藝和勞動，中國婦女為它付出的卻是血淚和不盡的痠痛。

這些節孝坊大部分被清除掉了，只有少數牌坊保留了下來。現在山東省安丘市庵上鎮就留有一節孝坊，坊主是諸城大北杏村的王氏，結婚未能入洞房，丈夫得病而死。王氏奉親守志至 29 歲而亡。家人撮合，請下道光皇帝的聖旨，為其立坊。上面鑴刻「聖旨」二字，樓匾上刻著「節動天褒，貞順流芳」八個大字。可見，當時誰家出了個貞婦，立了牌坊，是件轟動鄉里，無上榮光的大事。河北一帶流傳：「一個寡婦，半個知縣。」[176]

庵上鎮節孝坊

---

[176]　丁世良、趙放主編：《中國地方志民俗資料彙編》華北卷引民國十八年《新河縣志》，北京：書目文獻出版社，1995 年版，第 510 頁。

　　清朝同治（西元 1862－1874 年）以後，又出現興辦「貞節堂」的風氣。貞節堂以慈善、賑濟的面目出現，由官府撥商稅和商人捐資，收容留置貞女、節婦入堂。上海有恤嫠堂，金山有全節堂、崇節堂，嘉定有清節堂，嘉定羅店鎮還設敬節局。凡 30 歲以內喪夫守寡的婦女，每人每季送資 800 文。30 歲以上守寡，年滿 50 歲者，每人每季送資 600 文，以微量經濟補貼，維持守寡者最低生活水準。1911 年 11 月 19 號上海《民立報》載，李鴻章在安慶創立了清節堂，有清節洲田地 8,000 畝，淮軍將領聶士成又捐銀 3,000 兩以恤寡婦。

　　節婦、貞女入堂後，受到嚴格管制，不能無故出堂。有的規定，男親屬一概不准探視。入了堂就和天下的男人永別了，實際上是一座座封建寡婦集中營。

　　辛亥革命後，非但沒清除這些陋俗，反而從經濟上加以贊助。1911 年 11 月 20 號《民立報》有一篇文章〈加恩節婦〉載，辛亥革命後，黎元洪都督將節婦的生活費從 400 文提高到 600 文，「省垣節堂，老少節婦莫不歌恩頌德」。直到 1931 年，江蘇仍有 19 處貞節堂，留住寡婦多者 120 人，少者 23 人。

　　第三，家族、宗族等宗法勢力成為阻礙寡婦改嫁，剝奪寡婦自由，扼殺寡婦人性的凶殘勢力。

從先秦到唐宋，許多寡婦的親屬都是勸告、鼓勵甚至強迫其改嫁。《三國志‧曹爽傳》注引皇甫謐《列女傳》載，曹爽弟媳令女寡居，家裡人命她改嫁，令女用刀割去鼻子，誓為曹氏守節。到明清、民初，風氣為之一變。因為犧牲寡婦的幸福，不僅可免除差役，而且有無限的榮光，人人敬仰。因此，以族長為首的宗法勢力對寡婦特別凶惡。他們不僅阻撓寡婦改嫁，還可以不經任何法律手續，將失貞的寡婦遊街、沉河及以其他慘無人道的手段處死。

平時，則對寡婦嚴加看管、訓斥。《禮記‧坊記》中「寡婦不夜哭」，《禮記‧曲禮》中「寡婦之子，非有見焉，弗與為友」等古訓，也都有了付諸實踐的土壤。寡婦更不能隨便接觸男人，「寡婦門前是非多」的俗語，把男人的同情和幫助拒於千里之外。更有甚者，寡婦還被認定是克（剋）夫命，更是被周圍的人們視同洪水猛獸一樣恐怖。

試想，一個失去男人的婦女，整天在人們冷漠和監視的眼光下生活，男人見了躲得遠遠的，甚至別人家的孩子也不和自己的孩子玩，心裡是個什麼滋味？節孝坊浸透了多少婦女的辛酸和血淚，禮教給婦女多少歷史性的傷害，不是三言兩語所能講清楚的。

● 第七節
古今婚姻觀念剖析

千百年來，中國一直是男耕女織的小農經濟和以家族親族為主要人際關係的宗法社會，其政治制度則是以家天下為特點的君主專制。一家一戶的小農經濟要求妻子承擔起「精五飯，冪酒漿，養舅姑，縫衣裳」及「執箕帚」、「饁（一ㄝˋ）彼南畝」等各種家務；宗法制度要求透過婚姻，承祖先、供祭祀、嗣後世，維繫家族的延續和昌盛；專制等級制度要求確立男尊女卑、男強女弱的上下等級地位。這一特定的文化土壤，把古代男女的交往和婚姻，夫婦間的相互地位，婦女的嫉妒和貞操，離婚和改嫁，夫妻生活和生兒育女，通通編織在宗法倫理和等級的羅網中，既給中國的婚姻和婦女的個性帶來嚴重的歷史損傷，成為禮教毒害的重災區，又形成了中國人獨特的婚姻價值觀念和道德標準。

直到今天，我們仍然驚奇地發現，在現代人的婚姻行為和觀念中，幾乎處處可以找到舊婚俗的殘跡，甚至是公認為絕跡的風俗習慣，仍作為一種觀念在人們心理深層潛藏著。

一、生育型而非情愛型的婚姻價值選擇

從婚姻的價值選擇來看，中國傳統婚姻是生育型的，而非情愛型的，這一婚姻價值選擇有各方面的表現。

首先，生子繼宗是中國傳統婚姻的第一價值選擇，單方面強調婚姻的生育價值。

《禮記·昏義》中「上以事宗廟而下以繼後世」，明確點出了古代婚姻傳宗接代的價值，上述「七出」中的「無子棄」更加直白：娶妻就是為了生子。

生子也是傳統婚姻擇婦的首要標準。《晉書·後妃傳》載，晉武帝欲為太子娶衛瓘女，楊皇后納賈、郭親黨賄賂欲婚賈氏。晉武帝說：「衛公女有五可，賈公女有五不可。衛家種賢而多子，美而長白；賈家種妒而少子，醜而短黑。」從選太子妃的標準也可看出對生育價值的重視。

中國各地的婚禮中，無一例外地使用棗、栗子、錢。如上所述，婚禮用棗、栗的初衷並非「早立子」，而是「夙興」、「慎慄」之義。這種傳訊，反映了對生子繼宗的強烈期盼和對婚姻生育價值的普遍認同。

　　圍繞生子，不僅婚俗的傳承和變異做盡了文章，婚俗之外的其他民俗，也鮮明地反映著中國宗法社會的這一價值選擇。觀音菩薩進入中土後，成為送子觀音，坐鎮山東泰山的碧霞元君產生後，成為人們信奉的送生娘娘。

　　現代青年男女對一個新生命個體，叫做「愛情的結晶」，而古人叫做「祖宗的血脈」，鮮明地反映了兩種不同的婚姻價值觀。

　　其次，傳統婚姻確定的是夫妻「生子」的合法性，而不是夫妻性生活和情愛的合法性。夫妻之間仍有「授受不親」的男女大防，婚姻的性愛價值受到虛偽的否定，成為正人君子的隱私和罪孽。

　　上述「不露閨房之私」中，夫妻「雙行匹至」，張敞為妻子畫眉，寡婦夜間思念丈夫而「夜哭」等，都是違背禮法的傷風敗俗的行為。甚至到 20 世紀初，仍傳承著這一價值精神。胡樸安《中華全國風俗志·濟南採風志》載：「女若歸寧，與婿相遇於家，不令同房。濟寧一帶，雖生子，在母家並不與婿相見，其嚴有如此者。」

　　其三，以娶妻生子為目的的傳統婚姻，培養了中國人對男女交往、家庭子女的責任感，戀愛、結婚、情慾、生子是一致的，而不是分離的。

正因為如此，中國的男女擇偶、戀愛，一開始就以結婚為目的，總是理智而清醒地面對現實，以婚後的生活為著眼點，而不沉溺於眼前的熱戀，對對方的身體、品格、能力、職業、家庭要詳細地考察，一旦確認雙方不能結婚，馬上中止戀愛。

中國既沒有西方那麼多的情夫、情婦，也沒有不結婚就領養私生子的現象。用結婚來掩蓋婚前的性行為和私生子，卻得到世俗社會的預設，因為他們承擔了對對方、對子女的責任。近代以來，情婦增多了，最典型的方式是「包養」、「包二奶」。對男方來說，「包」仍然是一種責任。

二、社會型、家族型而非個人型的婚姻決定權

從婚姻的決定權來看，中國傳統的婚姻是社會型、家族型的，而非個人型的。

中國的婚姻被看成是君臣父子、等級人倫之根本，家庭盛衰的關鍵，未婚男女的終身大事，不僅受到朝廷、官府、父母、媒妁的主宰、包辦，而且受到全社會的高度重視和廣泛關注。透過這些羅網，我們又可看出中國婚姻的神聖、莊嚴和中國人對婚姻謹慎而不草率的鄭重態度。這一社會性、家族性的特徵有以下表現：

其一，婚姻是一種社會、政府、家族行為。

許多民俗事象都表明，越往遠古，風俗就越是國家政治的組成部分。最早出現的媒人，是國家法定的官員。《周禮》中的媒氏，齊國的掌媒，都是官媒，她們的活動，都是政府行為。齊桓公大會諸侯，有多少政治、軍事、經濟大政需要確立，然而訂立的盟約竟有「無以妾為妻」的條文。換句話說，這就是當時的國家大政。晉武帝的「父母不嫁者，使長吏配之」，以及皇帝賜婚，地方官臨堂做媒等，似乎都在說明，婚姻是一種社會、政府行為，而不是個人行為，當然不能由個人說了算。

民初新式婚禮推行後，有了「主婚人」這一概念。我們搞民俗的人也認定，主婚人是父母尊長，或者單位領導。其實，主婚人應該是新郎、新娘自主。

新世紀的大學生早已習慣了婚姻自主，也擺脫了父母、媒妁、社會的包辦，可他們的婚姻仍帶有傳統社會的印記。有了異性朋友，往往要徵求同宿舍好友的意見，對方如不同意，會馬上出來干涉：「不行！你不能嫁給他！」雙方關係越密切，干涉對方婚姻的力度就越大。

兩漢時期，傳統婚禮進入變異時期，其基本趨勢是：越來越具備廣泛的社會性、宗族性。現代婚禮的規模仍具有全社會、全家族的意義。各地的婚禮都講究「親戚畢賀」，到

場的人越多越好。現代婚姻，我們還可以看到一種現象，一個人結婚全家人都跟著忙碌，把什麼事都操備好了，新郎反而閒著沒事幹。

其二，主動求婚者低賤，被追求者高尚。

由於「男不親求，女不親許」、「自媒之女，醜而不信」的禮教禁忌，使中國人絕對沒有當面向陌生人求婚的勇氣和膽量。主動求婚不僅是低賤，在許多場合下還是道德敗壞，當面向陌生人求婚，在西方是正當的求婚，在中國這塊文化土壤上則是調戲，耍流氓。

主動求婚者對家庭的建立有首事之功，可中國人誰也不願意居這個不光彩的「功」。夫妻生活中，它往往成為被追求者高傲的資本，開玩笑、夫妻吵架，還成為奚落對方的話柄。甚至是結婚幾十年的恩愛夫妻，誰也不肯承認當年是自己主動追求了對方。這種觀念，與「男不親求，女不親許」、「自媒之女，醜而不信」，僅僅是「五十步」與「百步」的區別。

現代青年仍繼承著這種誰也解釋不清的遺傳心理，他們的求愛都帶有一種高度含蓄的藝術風格，甚至嘴唇都打哆嗦。這種含蓄來自遭到拒絕就喪失自尊的恐懼，而不敢像西方人那樣開門見山。因為一旦求婚失敗，將無地自容。

這是優點，也是缺點。它尊重對方的感情和社會公德，

而不是以自我為中心，死皮賴臉，但缺乏自信和窮追不捨的勇氣，使求愛沒達目的，見好就收，以放棄理想的佳偶為代價來維護自己虛偽的自尊。往往是涵養越高，自尊心越強的人，這一弱點就越明顯。

三、道德、禮儀型而非法律、感情型的婚姻紐帶

從婚姻家庭的維繫力量來看，中國傳統的婚姻是道德、禮儀型的，而非法律、感情型的。

中國傳統婚姻的維護紐帶是婚禮和道德輿論監督力量，而不是法律和雙方的感情。傳統婚禮有納采、問名、納吉、納徵、請期、親迎等六禮，不僅是雙方磋商的過程，也是連線雙方的紐帶，每進行一禮，雙方的關係就加深一步。其實，本人連面都沒見，哪來的感情？親迎以後，只要舉行合巹、拜舅姑、廟見等禮儀了，雙方的關係就完全牢固了。古代婚禮中的反馬，就說明了這個問題。現在我們宣傳的銀婚、金婚、鑽石婚，也是用這種禮儀來進一步維護雙方的婚姻。它思維判斷的落點是：正視、維護、發展現實的存在。

婚禮與社會道德輿論緊密相連，婚姻只有得到法律和社會輿論的雙重承認才有效，而社會道德輿論只看重婚禮。它向全社會莊嚴宣告了雙方的婚姻，以獲取社會道德輿論的承

認，並藉助社會道德輿論監督力量維護自己婚姻的權益。

正因如此，中國傳統的婚姻有如下價值趨向：

其一，重婚禮，輕法律。

兩漢以後，婚禮在向大張旗鼓、大操大辦的變異中不斷擴充，原來不屬於婚禮的事項，也被吸收到婚禮當中。例如由遭搶劫時驚嚇的「哭」，轉化為一種必須履行的婚禮，新娘臨上轎的「哭嫁」。

南宋洪邁把「洞房花燭夜」與「金榜題名時」相提並論，中國人不僅稱結婚為「小登科」，也按照「小登科」的標準來充實婚禮。

民國二十三年《夏津縣志續編》載：「清代婚娶，新郎袍靴頂戴，儼然紳衿，故俗稱『小登科』。」

民國二十二年《營口縣志》載：「新婿身披紅錦，十字絲絛頭冠扎紅錦，綾穗下垂，作狀之及第，謂之小登科。」

民國二十四年《萊陽縣志》載：「新人鳳冠霞帔，蟒袍玉帶，是蓋明制而清因之。」

現代婚禮把小汽車、音響、錄影、現代化酒樓等與幾千年的舊婚俗緊密地結合在一起，成為溝通歷史與現實的亮麗景觀，使「君子重之」的程度絲毫不亞於古代。

現代判斷結婚與否的標準也是婚禮，而不是法律。按理說登記了就是合法夫妻，但必須經過莊嚴的婚禮，才能得到社會

輿論的認可。登記而沒舉行婚禮，雙方分手了，從不被認為是結過婚。而一旦舉行婚禮了再分手，就是真正意義上的離婚。

其二，重道德、婚禮約束，輕感情基礎。

許多人都認為，未婚戀人即使發展到崩潰的邊緣，突擊結婚是防止雙方關係破裂的有效手段，而不考慮結婚後仍有離婚的可能性。一些受傳統思想禁錮的男女，在婚禮和道德輿論的約束下，似乎也有一種心理慣性，一旦結婚也就死心塌地了。

中國傳統的婚姻，不主張透過婚前交往來培養雙方的感情，扼殺了男女婚姻最美好的黃金季節。如果說像有人說的那樣，結婚是戀愛的墳墓的話，傳統婚姻則是直接進墳墓。由於缺乏幾千年婚前交往經驗的累積，使現代青年對婚後的各種流程輕車熟路，而對婚前的戀愛明顯先天不足，顯得幼稚、盲目，沒有明確目標。結果是戀愛越早，時間越長，次數越多，成功率反而越低。甚至是有十幾年戀愛經驗的人，到三十多歲仍是孤身一人的大男大女。

尤其是現代的父母們，只要兒女找的對象稱心如意，一般是催促盡快結婚，免得夜長夢多。這個「夜」即指戀愛階段。他們認為，這個夜越長，破裂的機率就越高。說明他們仍不相信青年人能把戀愛階段處理好，仍然充當著善意扼殺男女戀愛階段的角色。也就是說，沒有戀愛階段的傳統婚姻

表面上不存在了，而這種觀念卻仍然在人們心中潛在著。

其三，強化夫婦感情的禮儀內涵，相敬如賓成為中國傳統婚姻中夫妻感情模式的共識。

「相敬如賓」、「舉案齊眉」，在中國傳為美滿夫妻的千古佳話，形成了夫妻感情的畸形。強調情慾與禮儀的合理調節，以禮制欲，夫妻感情內向而不外露，仍然是現代安分中國人遵循的原則。即使那些在戀愛階段狂熱與浪漫的戀人，一旦結婚，原先那種狂熱急遽降溫，回歸到「相敬如賓」、「舉案齊眉」的模式當中。許多對月影花下的浪漫生活有失落感的年輕人，則開始對婚後的平靜生活厭倦，這恰恰反映了舊婚俗的支配力量。

四、終身型而非階段型的婚姻存續觀

從雙方結合的時間上看，中國傳統的婚姻是終身型的，而非階段型的。

（一）中國婚姻的終身占有和依附向前後兩個方向延伸

一個方向是強調白頭偕老，寡婦不得改嫁，向「從一而終」的後半生的方向延伸。

先秦秦漢時，就已有夫妻白頭偕老的觀念。

《詩・小雅・常棣》稱：「妻子好合，如鼓琴瑟。」

《詩經・鄭風・女曰雞鳴》云：「宜言飲酒，與子偕老。」

《詩・王風・大車》云：「百歲之後，歸於其室。」

《孔雀東南飛》云：「結髮同枕蓆，黃泉共為友。」

如前所述，由於先秦到隋唐離婚風氣盛行，直到宋代以後「白頭偕老」才成為中國傳統婚姻的主旋律。《詩經・邶風・擊鼓》中「執子之手，與子偕老」，原本說的是戰場上的卒伍之間勤苦與共，生死互相救助的約定，也被應用到男女的婚姻之中。

這種「白頭偕老」觀念的深層，意味著婚姻是雙方人身的終身依附和占有。夫妻雙方互為專利，既不許別人涉足，也不許一方有另外的感情空間。以前的舊戀人、舊感情要講清楚，不許保留，更不許萌發。「冬雷震震，夏雨雪，天地合，乃敢與君絕」，固然是永恆的愛情，但也是永恆的依附和占有。對第三者更是草木皆兵。說「某某有外遇」是挑撥夫妻感情的最有效的手段。白頭偕老的觀念，本來應該使夫妻感情牢不可破，反而造成了中國人在夫妻感情上的脆弱和不自信，缺乏與第三者競爭的膽氣。

上述的銀婚、金婚、鑽石婚，除了用禮儀來進一步維護雙方的婚姻外，也是「白頭偕老」在新形勢下的另一種表現。

從現代文學作品的價值趨向來看，仍然強調白頭偕老和家庭的穩定。《一聲嘆息》、《牽手》等作品，反映了現代人對婚姻的反思，但不管怎麼搞婚外情，怎麼做傳統的叛逆，結果總是越軌者痛心疾首地回心轉意，拆散的家庭破鏡重圓，一切都向傳統上回歸……

另一個方向，是向「青梅竹馬」、童養媳、指腹婚的方向延伸，越發顯示出終身型的特徵。

（二）離婚被視為醜事，為人離婚被視為「損陰騭」

直到現在，離婚仍然屬於道德品格問題，一個正準備提拔的官員，假如他離婚了，升職的事也就泡湯了。這與上述「士大夫偶有非理出妻者，將不齒於士類，且被免官」如出一轍。許多人呼喚「無過錯離婚」，道理也在這裡。

（三）婚姻成為婦女託付終身的唯一歸宿

妻子對丈夫終身依附與男尊女卑、男強女弱，女子無才便是德的觀念的結合，淹沒了古代婦女自強、自立的獨立人格和自我意識。男尊女卑不僅培養了婦女的自卑感，還形成了在婚姻問題上的惰性依賴心理，婚姻成為婦女託付終身的唯一歸宿，丈夫成為婦女謀生的靠山。

三從四德中的三從，勾畫了婦女一生的生平。《孟子·離婁下》載：「良人者（丈夫），所仰望而終身也！」女人

後半生的命運全部取決於丈夫，用不著自強自立，它要求夫妻雙方的素養是「郎才女貌」。妻子只要品貌端莊，不必有特殊才能，丈夫則要有才能，或者獲取功名，或者經營有道，擔負起家庭的重任。粗俗點的叫「嫁漢，嫁漢，穿衣吃飯」，稍文雅點的叫「男兒只怕找錯行，女兒只怕嫁錯郎」。

在中國這種惰性依賴仍然存在，女子找對象有著鮮明的時代精神。五十年代嫁農民，六十年代嫁工人，七十年代嫁軍人，八十年代嫁文憑（書生），九十年代嫁大亨。郎才女貌的新說法，叫漂亮女人加有錢男人，是最佳化的資源配置。

就是文化素養較高的現代女性，也要找一個在各方面勝過自己的男人，否則就覺得掉價，別人也覺得是「鮮花插在牛糞上」，這顯然是「男強女弱」在比例上的折射。把安全感建立在丈夫的基礎上，而不是自強自立，也是一種惰性的依賴。

現代社會流行的「女士優先」似乎說明，婦女的權利、地位，不是自強自立而然，而是來自社會和天下男人的施捨和恩賜，它洋溢著男子漢的自豪和同情弱者的高貴品質，對婦女只是弱者地位的肯定。因此，現代的男女平等、婦女解放，關鍵是擺脫婦女對丈夫、對男人、對社會的惰性依賴，喚醒婦女自強自立的獨立意識和群體意識。

綜上所述，古代的傳統婚姻，給我們留下了許多優良傳統。如對婚姻和男女交往嚴肅認真的態度；對男女交往、家庭子女的責任感；由以禮制欲和內向心態而產生的抵制黃色淫穢、傷風敗俗行為的文化傳統；至今仍然存在的道德輿論監督力量遏止著婚姻道德的淪喪等等。然而，正是這種道德輿論監督力量和千年的傳統風俗在影響、主宰著中國人的心靈和行為，使中國的婚姻仍停留在以互相占有對方為基礎，以家庭、道德約束為紐帶的階段。